DIAGNÓSTICO DA CULTURA ORGANIZACIONAL

GIUSEPPE MARIA RUSSO

DIAGNÓSTICO DA CULTURA ORGANIZACIONAL

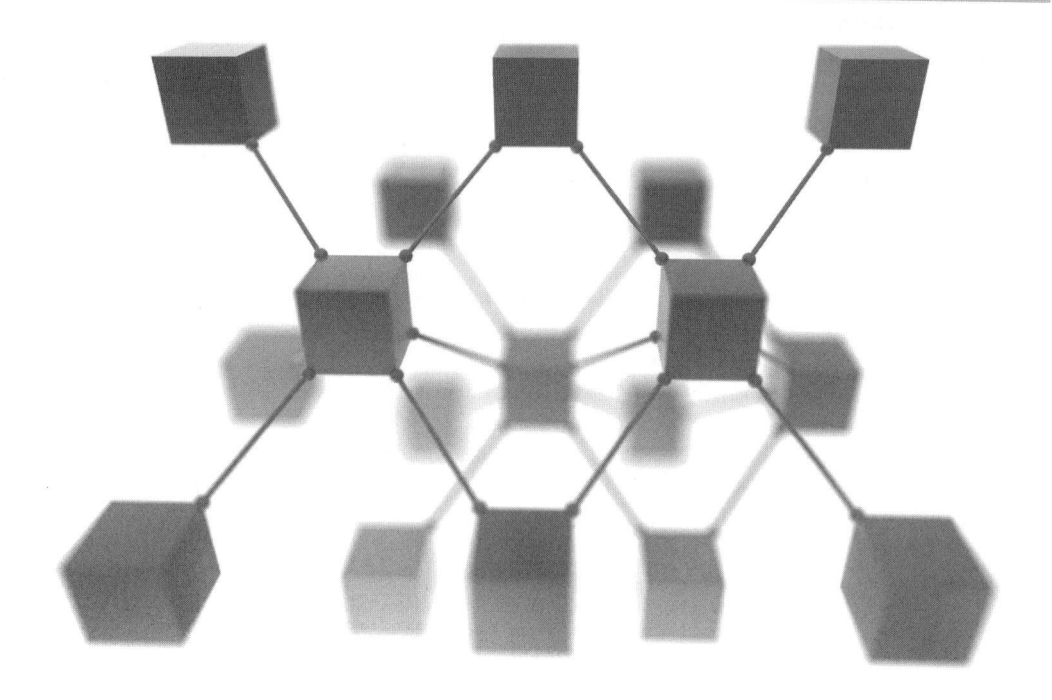

O IMPACTO DOS VALORES ORGANIZACIONAIS
NO DESEMPENHO DAS TERCEIRIZAÇÕES

gestão empresarial

ALTA BOOKS
E D I T O R A
Rio de Janeiro, 2017

Copidesque
Analuiza Waldmann

Editoração Eletrônica
Estúdio Castellani

Revisão
Edna Cavalcanti | Roberta Borges

Produção Editorial
Elsevier Editora - CNPJ: 42.546.531./0001-24

CIP-Brasil. Catalogação-na-fonte
Sindicato Nacional dos Editores de Livros, RJ

R93d   Russo, Giuseppe
Diagnóstico da cultura organizacional : o impacto dos valores organizacionais no desempenho das terceirizações / Giuseppe Russo. – Rio de Janeiro : Alta Books ; São Paulo : Dedix, 2017

Inclui bibliografia
ISBN: 978-85-508-0138-4

1. Cultura organizacional. 2. Terceirização.
3. Desenvolvimento organizacional. 4. Administração de empresas. I. Título.

10-3529.   CDD: 658.406
CDU: 65.012.32

ALTA BOOKS
E D I T O R A

Rua Viúva Cláudio, 291 — Bairro Industrial do Jacaré
CEP: 20970-031 — Rio de Janeiro - RJ
Tels.: (21) 3278-8069 / 3278-8419
www.altabooks.com.br — altabooks@altabooks.com.br
www.facebook.com/altabooks

Comentários sobre
Diagnóstico da Cultura Organizacional

Somente um profissional com a competência do Giuseppe poderia ser tão ousado em abordar o processo de terceirização e sua influência na cultura das instituições. Ou seria o inverso? Tamanha a importância deste estudo, cheio de desafios, tenho certeza ser de extrema relevância para todos os profissionais de Recursos Humanos, que nos auxiliará, no entendimento desse processo tão antigo que é a Terceirização.

ADALBERTO SANTOS
Diretor Administrativo-Financeiro, Afamar Capital Humano

Com este livro, Giuseppe traz à tona, com brilhantismo, um assunto muitas vezes esquecido pelos Recursos Humanos das grandes empresas: como fazer a, por vezes difícil, parceria entre empresas contratantes e terceirizadas obter êxito. Com certeza, você encontrará aqui a base para o sucesso dessa relação.

ADELIA CROCE
Gerente de Recursos Humanos, Metrô Rio

Por mais complexo que seja identificar e avaliar os valores intangíveis intrínsecos nas organizações, Giuseppe consegue discorrer sobre o impacto cultural entre contratantes e contratados de serviços, de maneira profunda e norteadora, sobre as possibilidades que fortalecem a tomada de decisão dos intraempreendedores.

ADENIAS GONÇALVES FILHO
Diretor-Presidente, Tropical Hotels & Resorts Brasil

Giuseppe tem muita paixão pelo tema "cultura organizacional" e a proposta deste livro traz uma nova perspectiva sobre o assunto. A parceria com terceiros é cada vez mais estratégica para o sucesso dos negócios, e ter esse novo olhar para os terceiros, que muitas vezes convivem no mesmo espaço físico e mantêm um relacionamento muito próximo, é interessante e de muito valor para as empresas.

ADRIANA HASSELMANN
Gerente de Gestão de Talentos e Desempenho – Light

Este livro é um repensar em nossas relações com os parceiros terceirizados em um momento no qual investimos em desenvolvimento profissional e o número de terceirizados não incluídos nesse contexto é significante. Aborda a questão do resgate do relacionamento humano nas empresas sem exclusões, em que contratada e contratante devem ter um objetivo comum e um alinhamento de valores, para garantir o resultado esperado. Parabéns, Giuseppe!

ADRIANA PIGLIASCO
Gerente de Recursos Humanos, Farmoquímica (FQM)

Giuseppe nos presenteia com um trabalho consistente, pautado em toda a sua experiência como pesquisador de assuntos que verdadeiramente contribuem para a gestão das organizações. Este livro coloca em pauta fatores significativos para o sucesso das relações de terceirização ao considerar os valores, a cultura organizacional e os aspectos intangíveis das contratadas e contratantes. Sem dúvida, uma excelente oportunidade de reflexão para nós, executivos, que temos nas relações de terceirização uma extensão de nossas equipes internas.

ALÉA FISZPAN STEINLE
Diretora de Desenvolvimento Humano & Organizacional, Wilson Sons

Entender a cultura organizacional e seu impacto em processos de fusões, aquisições e terceirizações é essencial para nós, profissionais de Recursos Humanos, pois, para estabelecer e assegurar uma única identidade, é preciso mergulhar no universo de valores e práticas que apesar de visíveis, na maioria das vezes, não estão explícitos nas organizações. Com este livro, Giuseppe nos oferece alternativas e técnicas para acessar esse universo! Atual, simples, prático - essencial!

ALESSANDRA CAVALCANTE
Gerente de Desenvolvimento de Pessoas & Organização, Lafarge Brasil

Os estudos sobre cultura organizacional são cada vez mais relevantes para os negócios. Entender como usar a força desse ativo intangível é um grande diferencial competitivo. Mais uma vez, Giuseppe traz contribuições significativas para nós, gestores.

ALEXANDRE MATHIAS
Diretor Geral da Divisão de Livros, Ediouro Publicações

Trabalho + Felicidade = Maior Resultado. Essa equação pode ser entendida de diversas maneiras e também ser recheada de tantas outras variáveis. O que ela pretende mostrar é, de forma simplista, a importância fundamental da felicidade no trabalho para que as pessoas e as empresas alcancem melhores resultados. Essa felicidade pode ser motivada por diversos fatores, com nomes e pesos diferentes para cada indivíduo. Um desses fatores, vale ressaltar, é certamente o alinhamento entre o indivíduo e a organização em que atua no que tange à cultura e aos valores. Bom saber que há pessoas como o Giuseppe, empenhadas não só em entender o quanto a cultura faz parte dos fatores de sucesso das organizações, como também em atuar para que o interesse pelo alinhamento, entre valores e cultura organizacional e individual estenda-se também para os terceirizados. Nem preciso dizer que este livro é recomendado para todos os interessados em alcançar "maior resultado" em suas empresas.

ANA PAULA SILVA
Portfolio Manager, Nokia Siemens Network

O tema tratado neste livro é de extrema importância, visto que uma cultura organizacional bem alinhada e absorvida permite à organização alcançar melhores resultados e nós, responsáveis pela gestão de pessoas, devemos atrair e reter colaboradores que tenham valores individuais em sinergia com a cultura em que estão inseridos, visando, assim, propiciar a sustentabilidade da empresa.

ANDREA GIORGI
Gerente de Recursos Humanos, Empresa de Serviços Hospitalares (ESHO)

Pensar em gestão organizacional é avaliar as diversas variáveis que se correlacionam e que nem sempre são percebidas como influenciadoras de resultados. Neste livro, Giuseppe nos proporciona importante reflexão quanto a esse aspecto, contribuindo para um novo olhar no processo de desempenho organizacional, com foco na correlação entre cultura, valores e processo de terceirização – iniciativa relevante para o aperfeiçoamento do processo de gestão.

ANDRÉA GUERRA VIEIRA
Gerente da Assessoria de Gestão de Recursos Humanos, KPMG Brasil

Ao estender o impacto da cultura organizacional também às terceirizações, Giuseppe inova e mostra ser ainda mais complexo o desafio de criar modelos de sucesso nas terceirizações. Qual a saída? O livro apresenta uma metodologia de diagnóstico sistemático da cultura organizacional que considera e oferece respostas a esse desafio.

ANDRÉA LEBRE
Gerente de Desenvolvimento e Educação, Embratel

A cultura empresarial põe em evidência valores. Esse assunto é um imperativo para as organizações que desejam manter seus negócios sustentáveis e vivos no mercado atual. E esta publicação tem um peso especial, pois ressalta a importância da cultura empresarial no desenvolvimento de sinergia com culturas diferentes, no sentido de agregar valores à cultura das empresas que contratam os serviços de terceiros.

ANTONIEL BASTOS
Diretor de Relacionamento, Zeta Probus

Como disse Sir Francis Bacon, alguns livros devem ser provados; outros, engolidos; e alguns poucos, mastigados e digeridos. Este livro merece ser muito bem digerido e lido, com toda diligência e atenção, para que possamos usufruir, ao máximo, um tema de extrema relevância, muito bem explorado. Giuseppe, com seu poder de análise, nos proporciona um rico olhar sobre esse aspecto intangível e essencial, que é a análise da cultura organizacional, para o sucesso das parcerias empresariais.

ANTONIO LINHARES
Gerente de Remuneração, Wilson Sons

Cultura é algo que está fincado dentro da alma de uma empresa. Saber diagnosticar sua cultura é conhecê-la o suficiente para buscar interferências positivas de melhorias; é o estado da arte para uma organização do século XXI, revolucionária e sempre inovadora. Neste livro, Giuseppe aponta caminhos bastante interessantes para isso.

ARLETE GADELHA
Sócia-Diretora, AG Rio Comunicação Corporativa

Desprezar ou mesmo atenuar a importância da terceirização de serviços significa estar míope no nosso tempo. No século XXI, todo gestor precisa refletir sobre os objetivos e o compromisso de adaptar a cultura organizacional. E Giuseppe, com maestria e amplo trânsito nos ambientes acadêmico e empresarial, nos ajuda a desfazer os nós, apresentando conhecimento e métodos que vêm sendo adotados por diferentes organizações, com uma abordagem competente, crítica e criativa. Parabéns!

CARLOS AUGUSTO PADILHA
Consultor de Gestão, DealMaker Consultoria

Nós que militamos nas organizações há muito tempo sempre ouvimos, falamos e discutimos cultura organizacional. Com esta publicação, Giuseppe conseguiu uma forma direta e didática de apresentar uma metodologia de diagnóstico sistemático da cultura organizacional, a qual deve ser tratada de forma estratégica visando um alto desempenho das empresas. Trata-se, portanto, de uma obra de referência para pesquisadores e gestores que desejam aprimorar e aperfeiçoar seus métodos, com o objetivo de ampliar os resultados corporativos.

CARLOS MONNERAT
Presidente, Grupisa

Giuseppe vem contribuindo expressivamente com suas obras. No mundo atual, em que as relações e parcerias sustentáveis são as do ganha-ganha, a cultura é fator determinante para afinar as relações e promover o sucesso das terceirizações. Parabéns, Giuseppe, as pessoas e organizações agradecem.

CELINA JOPPERT
Sócia-Diretora, Celina Joppert Desenvolvimento Humano

É com grande prazer que recebemos a notícia da publicação de uma obra que trata de um tema tão relevante, numa época em que muito se fala em terceirizações e alianças estratégicas. Costuma-se dar muita ênfase aos aspectos financeiros das parcerias e pouca à integração das pessoas com diferentes culturas que passarão a trabalhar em um projeto comum. Parabéns!

CLAUDIA CAVALCANTI
Sócia-Diretora, Farmácia Officilab

O livro propõe reflexões importantes e práticas viáveis em uma relação que, se bem construída, com base no respeito aos valores de ambas as partes, traz enorme agilidade e assertividade aos processos envolvidos, melhor preparo dos gestores e capacitação adequada dos profissionais. No final, ganham todos: funcionários, parceiros, clientes, acionistas e o mercado em geral, que passa a contar com empresas mais profissionalizadas, diferenciadas pela qualidade de suas pessoas.

CLÁUDIA MARES GUIA
Gerente de Desenvolvimento de Recursos Humanos, Companhia Brasileira de Cartuchos

Muito se fala em cultura organizacional, mas pouco se faz para interferir, intencionalmente, na construção de práticas, normas e valores organizacionais, a fim de não só alinhá-la às necessidades do negócio, como também torná-la uma das variáveis que podem contribuir para a geração de valor na empresa. O livro Diagnóstico da cultura organizacional consiste em uma poderosa ferramenta para os gestores que desejam atuar no gerenciamento e planejamento da cultura organizacional de forma sistemática e inovadora.

CLÁUDIA POCHO
Departamento de Educação Corporativa, Furnas

Em 2007, Giuseppe lançou o livro Guia prático de terceirização: como elaborar um projeto de terceirização eficaz. Dando continuidade àquele trabalho, Giuseppe agora nos presenteia com um bom guia para avaliarmos a aderência da cultura organizacional de potenciais parceiros à cultura de nossa empresa como um valioso critério para a seleção de parceiros na terceirização.

CORINA ENGEL
Sócia-Diretora, Laboris Consultoria

Excelente a contribuição do Giuseppe neste livro, que nos remete à importância de compreender a questão da influência subjetiva das diversas culturas quando da contratação de serviços terceirizados. Trata-se de um tema delicado e importante, porém nem sempre foco da atenção dos gestores. Este livro nos leva a refletir quanto aos cuidados que devemos ter com essa importante interseção cultural em relação àquela que pretendemos implantar ou perenizar.

DENISE PAES SZTOKMAN RANGEL
Gerente de Recursos Humanos, Seguradora Líder

O livro nos remete a uma reflexão sobre a importância do alinhamento da cultura organizacional aos processos de implantação de prestação de serviços de terceiros. Talvez essa seja a ação mais difícil de ser implantada e a de maior impacto nas organizações que adotam essa prática. Giuseppe nos aponta o melhor caminho para o sucesso dessa parceria de maneira prática, objetiva e com extrema assertividade.

ELISABETE MELO
Gerente de Recursos Humanos, Brookfield Incorporações

Mais do que resultado financeiro, o alinhamento de valores e de princípios oportuniza parcerias perenes e o atingimento dos objetivos das empresas. Que aspectos são relevantes? Onde focar nossa atenção na escolha do parceiro prestador de serviço? O que desejo é compatível com o que o parceiro pode me oferecer em termos de pessoal, qualidade e custo? Essas são algumas das reflexões que Giuseppe nos oferece nesta obra.

FÁTIMA CRISTINA MACIEL
Gerente de Desenvolvimento Humano e Organizacional, Fabrimar

O livro traz luz à importância de processos intangíveis que exercem influência no ambiente empresarial. Muito mais do que apenas paradigmas, a diferença de culturas e energias dificulta e minimiza as possibilidades de sucesso das terceirizações e fusões. Valores, conceitos e empatia dependem de afinidades e, portanto, são de suma importância para o sucesso das parcerias. Saber diagnosticar e lidar com as diferenças intangíveis é um diferencial que pode ser crucial na construção de um case de sucesso. Este livro é um mapa do caminho.

FERNANDO VALLE
Sócio-Diretor, Gaia Academias e Programas de Saúde

Tangibilizar o intangível, missão tão bem cumprida pelo autor desta obra ao mapear uma cultura, é tarefa complexa porque nos exige um olhar mais atento ao metauniverso organizacional, ao que nos é invisível na mecânica do cotidiano, mas que é poderoso na determinação de nossos modelos mentais de mundo laboral, moldando comportamentos e atitudes e, por consequência, a qualidade de nosso desempenho. Por essa razão, sempre são louváveis e de extrema relevância obras como esta, que se propõem a facilitar nosso caminhar em busca de compreender melhor o que chamamos de Cultura Organizacional e, melhor ainda, nos oferece o "fio de Ariadne", mostrando-nos a direção.

GLÁUCIA P. BERNARDES GUARANY
Chefe da Secretaria Acadêmica, Fundação Oswaldo Cruz

Poucas são as pessoas que conseguem construir conhecimento de forma tão fundamentada e que nos dá o prazer e a oportunidade de compartilhá-lo, como Giuseppe o faz. Falar das relações e da cultura organizacional de forma objetiva e simples é uma marca do Giuseppe que torna a leitura estimulante e imprescindível. Este livro é resultado de muito estudo e experiência, aliado ao pensamento inteligente.

GRAZIELA FORTUNATO, Dsc.
Professora, Fucape Business School

Este livro vem cobrir uma lacuna existente em nosso acervo sobre cultura organizacional no ambiente corporativo, uma vez que trata de tema de extrema relevância para o sucesso de uma parceria no âmbito da terceirização. Na busca frenética por resultados, temos visto um grande desleixo por parte das organizações quando se faz uma terceirização sem se levar em conta as diferenças culturais entre contratante e contratado, em especial na ocasião da seleção desse parceiro. A boa notícia é que, com um bom diagnóstico, é possível fazer correções de rumo e tornar a parceria muito mais rentável. É disso que podemos desfrutar com esta obra.

HILMAR PEREIRA
Gerente de Operações de Recursos Humanos e T&D, Xerox do Brasil

Gerenciar a cultura organizacional é um desafio ainda insuficientemente praticado pelas organizações, e menor ainda é a percepção e a prática sobre o gerenciamento do aspecto cultural do trabalho terceirizado e de suas várias implicações. Neste livro, Giuseppe não só chama a atenção para este tema, como também propõe a forma de tratá-lo metodologicamente. A relevância prática deste livro cresce à medida que aumenta a terceirização nas organizações, isso sem considerar a contribuição conceitual do livro, que, por si só, faz valer sua leitura.

HUMBERTO DE FARIA SANTOS
Region Training Coordinator, LA, Expro Group

Um dos desafios mais profundos enfrentados pelos profissionais de Recursos Humanos é a intangibilidade da cultura organizacional. A partir dessa percepção, temos claras as dificuldades decorrentes do processo de entender, analisar, desenvolver e modificar comportamentos decorrentes da cultura organizacional. Com este livro, podemos ter um caminho para um melhor diagnóstico das culturas corporativas, existentes tanto em nossa organização quanto nas organizações parceiras.

IVAN INAHON
Gerente de Recursos Humanos, Golden Cross

O estudo sobre cultura organizacional é fundamental para profissionais de Recursos Humanos que pretendem atuar de forma estratégica. Se, por um lado, a cultura é determinante na forma de agir dos colaboradores, por outro, dadas as constantes e rápidas mudanças que têm ocorrido no mercado, essa forma de agir precisa ser al-

terada constantemente e adequar-se às novas demandas das organizações. Identificar os diversos aspectos da cultura ajuda-nos a definir os melhores caminhos para estimular as mudanças dos profissionais.

JAQUELINE ARRUDA
Gerente de Recursos Humanos, Casa & Vídeo Rio de Janeiro

É com enorme prazer que nós, profissionais de Recursos Humanos, estamos desfrutando de mais este trabalho do amigo Giuseppe. A trajetória do Giuseppe é pautada por muito estudo e certa praticidade que torna aplicáveis seus conceitos e metodologias. Não é diferente com este livro, que aborda a cultura organizacional de uma forma palatável e de fácil aplicação nas empresas, independentemente de porte ou segmento. Faltava-nos uma obra que pudesse levar às empresas essa metodologia em um cenário corporativo de aquisições, fusões e empreendedorismo, quando a cultura organizacional é o grande fio condutor do sucesso.

LEILA NASCIMENTO
Presidente Diretoria Executiva, ABRH Nacional

Este novo livro do Giuseppe traz o olhar do pesquisador inquieto sobre um tema que, no dia a dia, quem está à frente da gestão de pessoas nas organizações não consegue ter. Por mais que possamos, em algum momento, ter percebido o impacto dos valores organizacionais no desempenho e na motivação de nossos colaboradores, dificilmente essa reflexão envolve nossos colaboradores terceirizados ou as empresas que nos fornecem serviços. Gostaria de parabenizar o Giuseppe por nos provocar essa incômoda reflexão.

LUCIA CIPRIANO
Profissional de Recursos Humanos

Este livro mostra o quanto devemos dar importância ao intangível, pois ele, muitas vezes, passa despercebido dentro das organizações. O trabalho em parceria das organizações, contratadas e contratantes, propicia maior envolvimento e comprometimento dos profissionais que nelas trabalham. Parabenizo o Giuseppe por mais esta obra, desenvolvida com estudos, pesquisas e muita dedicação.

LUCIANA BASTOS
Gerente de Recursos Humanos, Armco Staco

Este livro é leitura obrigatória para gestores que adotam ou pretendem adotar a terceirização em suas organizações, bem como para aqueles que vendem serviços terceirizáveis às empresas. Giuseppe é um estudioso do tema e nos alerta para uma questão fundamental e, até então, pouco percebida no mundo corporativo: a cultura organizacional como fator crítico para o sucesso dos processos de terceirização.

MARCELO REIS
Presidente, Instituto Imprendere

Este livro nos possibilita enriquecer nossas ações no universo corporativo, movido por tantas mudanças! Além de abordar um tema relevante – Cultura Organizacional –, leva-nos a refletir, através dos conceitos apresentados, sobre o poder dos valores organizacionais, além de nos guiar pela proposta metodológica a diagnosticar e propor ações que possam, de fato, contribuir para o bom desempenho da parceria interorganizacional. Parabéns, Giuseppe, por mais essa iniciativa!

MARISA KARAM
Sócia-Diretora, Alliage Consultoria em Recursos Humanos

A cultura de uma empresa pode representar uma grande força ou uma grande ameaça em tempos de incerteza e mudança. Entender quais traços da cultura devem ser preservados e que novos traços precisam ser adicionados é a chave para garantir a evolução de uma empresa. Nesse sentido, uma obra que contribui para esse entendimento não só é um presente, como também é leitura obrigatória.

MARISA SALGADO
Gerente Geral de Produtos de Recursos Humanos, Infoglobo

Neste livro, Giuseppe dá mais uma valiosa contribuição para o estudo do desempenho das parcerias entre organizações ao adicionar o importante componente da cultura organizacional como fator de sucesso. Para as terceirizações, um caso particular de parceria entre organizações, tão carentes de estudos com melhor base teórica e empírica, o livro traz importantes ideias, tanto para acadêmicos como para executivos.

MARTIM FRANCISCO DE OLIVEIRA E SILVA
Gerente de Educação Executiva do IAG, PUC Rio

O livro de Giuseppe é leitura imprescindível para gestores e profissionais liberais interessados em descobrir a fundo um dos temas de grande relevância para o futuro das organizações e das relações de trabalho.

MELISSA KECHICHIAN
Sócia-diretora, Editora Conteúdo

"Diga-me com quem andas que eu te direi quem és." Esse dito popular indica a importância das boas parcerias. No caso da terceirização, muitas empresas já estão despertando para a necessidade de contratar parceiros com culturas semelhantes, por saberem que, para o cliente, ele estará sempre falando com a empresa, não interessando quem é o prestador de serviços. Giuseppe, nos traz essa reflexão de maneira clara, objetiva e simples, como só ele sabe fazer, sobre como a cultura e os valores organizacionais podem ser os pilares para a terceirização dar certo e também para o relacionamento empresarial ser mais saudável entre clientes e fornecedores.

MÔNICA PAIVA
Consultora em Gestão de Pessoas

Por ter passado pela experiência de uma fusão, hoje está muito clara para mim a importância da avaliação da cultura organizacional em um processo desse tipo. É fundamental entender as características culturais de cada empresa na busca de uma parceria, pois esse é um dos fatores que contribuirá muito para o sucesso ou o fracasso do negócio.

MONICA ZARTH
Gerente de Talent, Leadership & Organizational Development, Nokia Siemens Networks

Há muito se ouve falar sobre terceirização e esse tema vem ganhando destaque, na medida em que as empresas, preocupadas com a redução de custos, vêm revendo processos e criando alternativas na tentativa de otimizar tempo e focar esforços em seu negócio. Este livro nos possibilita, de forma simples e objetiva, refletir sobre a cultura intrínseca que permeia as relações organizacionais, identificando e reforçando o benefício da verdadeira relação de parceria. Giuseppe, mais uma vez, nos presenteia com uma ferramenta clara que nos possibilita não apenas obter um diagnóstico da cultura organizacional, como também mensurar o desempenho dos parceiros, trazendo-nos uma excelente ferramenta para a análise fidedigna que permite nortear os processos decisórios.

NÁDIA SURATY
Gerente de Recursos Humanos, Laboratórios B. Braun

Temática importante, abordagem inovadora. Giuseppe acende uma luz sobre um aspecto não visitado das terceirizações: o choque das culturas organizacionais. Um dos maiores estudiosos e especialistas em assuntos de Recursos Humanos no cenário nacional atual, Giuseppe não só levanta o problema, como também nos oferece um verdadeiro manual sobre como tratá-lo. Enfim, aprecie sem moderação!

NILO SÉRGIO D'AVILA
Gerente de Remuneração, Infoglobo

Considerando a evolução do papel da área de Recursos Humanos, cada vez mais estratégico nas organizações, esta obra nos revela importantes conceitos e metodologias essenciais para o sucesso na implantação da terceirização, em que a eficácia dessa ação está diretamente ligada ao desempenho do negócio.

PATRICIA SCOTT
Gerente de Desenvolvimento Humano e Organizacional, Intelig

Antes de falar do livro, quero falar do autor, que, do ponto de vista pessoal, merece todo apreço e, do ponto de vista profissional, profundo respeito. É ele quem transfere para as páginas deste livro um conhecimento valioso e prático que nos remete ao exercício de uma função primordial do mundo corporativo: o exercício de aprender. Escrutinar o tema "cultura organizacional" é tarefa desafiadora, mas a proposta de abordar esse assunto no contexto da terceirização é relevante e oferece inestimável contribuição aos profissionais que lidam com esse objeto.

PAULO SARDINHA
Diretor de Recursos Humanos, Turbomeca do Brasil

Giuseppe, mais uma vez, sinaliza a importância de reconhecer e trabalhar os potenciais conflitos que podem ser gerados pelos choques culturais ao terceirizar uma área ou processo de uma empresa. Reconhecer e trabalhar os potenciais conflitos que podem surgir desse "casamento" é primordial, permitindo um planejamento capaz de superar obstáculos que podem impedir uma integração bem-sucedida.

RENATA FILARDI
Gerente de Recursos Humanos & Comunicação, Servier do Brasil

Desde a década de 1950, o tema "cultura organizacional" vem sendo pesquisado no exterior. No Brasil, os estudos são mais recentes e datam da década de 1980. Porém, cada vez mais, percebemos a necessidade de compreender o comportamento humano em um ambiente organizacional para melhorarmos a capacidade de entender por que algumas organizações são mais eficientes e duradouras do que outras. Este livro nos desperta para a necessidade de um bom diagnóstico da cultura de nossos parceiros para minimizar os riscos de falhas nos processos de terceirização.

ROSSANA CRISTINA F. CARREZ
Consultora de Recursos Humanos, Ipiranga

Cultura e terceirização abordam um assunto que tem conquistado cada vez mais notoriedade e importância na estratégia das organizações. Com a exigência e a velocidade do mercado, as empresas passaram a observar e apoiar seus parceiros, buscando afinidades e valores similares, uma vez que o impacto está diretamente ligado ao resultado sustentável das organizações. Giuseppe faz uma abordagem objetiva e esclarecedora sobre o assunto. O livro é uma ferramenta de apoio aos profissionais não só de RH, como também de todo o mercado.

SANDRA CONCENÇO
Gerente de Recursos Humanos, Losango

Giuseppe foi muito feliz ao escrever sobre o tema deste livro. Sua grande experiência no mundo empresarial, aliada a seu estudo sempre muito aplicado, faz com que o livro certamente forneça grande ajuda aos empresários, consultores, profissionais liberais, no sentido de entender o quanto a cultura organizacional é importante e representa poderoso alicerce nos negócios.

SIMONE ALVES RODRIGUES
Consultora em Treinamento e Desenvolvimento

Ao recuperar a ideia de Edgar Schein, de que não existe uma cultura ideal, e que cada empresa cria a própria cultura, é válido pensar que os impactos de qualquer mudança irão variar de organização para organização, dependendo da cultura desenvolvida em cada uma delas. Neste livro, Giuseppe nos faz refletir sobre as vantagens e desvantagens que a terceirização pode trazer às organizações e sobre as novas relações que surgem com as empresas que prestam serviços terceirizados. As mudanças trazi-

das pela terceirização podem estar diretamente relacionadas com as pessoas ligadas à organização e às relações existentes entre elas, e os impactos causados pelo processo de terceirização podem estar vinculados a fatores como a cultura e o clima organizacional, e também às relações de poder existentes.

SIRLEY CARVALHO
Diretora de Pesquisas, ABRH-RJ

Várias pesquisas têm evidenciado que a cultura organizacional desempenha papel fundamental no sucesso das terceirizações das empresas. No entanto, realizar um diagnóstico adequado dessa cultura continua sendo um grande desafio para as empresas. Este livro representa uma contribuição significativa para lidar com esse desafio, ao fornecer uma metodologia de diagnóstico ao mesmo tempo robusta e amigável, com exemplo claro e voltado para o caso de uma terceirização. Ademais, contribui para pesquisas na área, ao apresentar teorias e metodologias de outros autores sobre cultura organizacional e terceirizações.

T. DIANA L. VAN ADUARD DE MACEDO-SOARES, Dsc.
Professora, PUC Rio

Conheço o Giuseppe há quase 15 anos e nunca vi um projeto sequer ao qual ele tivesse se dedicado que não fosse realizado com muita profundidade e qualidade. Não foi diferente neste livro. Abordar academicamente a Cultura Organizacional é uma tarefa árdua na realidade empresarial atual. Giuseppe fez isso com didática e consistência.

TATSUO IWATA
Vice-Diretor Geral, ESPM

Giuseppe foi profundamente feliz na escolha deste tema e na forma como desenvolveu esta obra, com um conteúdo motivador que influenciará profissionais da área, assim como leitores que buscam ampliar seus conhecimentos. Esse tema nos remete, com seu panorama geral, à responsabilidade que temos diante das mudanças constantes e que afetam diretamente a cultura das organizações. Leva-nos à reflexão de como podemos nos preparar para ações mais assertivas. De forma clara, Giuseppe consegue abordar tudo que precisamos para repensar nosso entendimento a respeito da importância da sinergia entre a cultura de uma organização e a de seus parceiros, para se chegar, com mais segurança, ao sucesso nos processos de terceirização e com desempenho satisfatório, afinal, firma-se neste momento um relacionamento empresarial.

THEREZA CHRISTINA ASSUNÇÃO
Profissional de Recursos Humanos

É com alegria que vejo que meu querido tio alcançou mais um projeto de vida. E com certeza, com o entusiasmo e a garra de sempre. Parabéns!

VIVIANE KECHICHIAN, Msc.
Professora, SENAI SP

A abordagem prática e didática de um tema altamente complexo e subjetivo faz deste livro uma valiosa fonte de informações para quem tem como objetivo compreender, com mais profundidade, os fatores para o sucesso nas relações de parceria no mundo empresarial. Conhecer a cultura das empresas para as quais executamos serviços de terceirização, com pessoas ou parte do processo produtivo, é de fundamental importância para cumprir os objetivos esperados. Quem oferta serviços terceirizados deve compreender que suas operações precisam ser revestidas da cultura organizacional do contratante. Quem contrata serviços terceirizados precisa saber escolher quem pode se adequar à sua cultura.

WANDA QUADRA E NUNO MARQUES
Sócios-Diretores, NW Consultoria e Desenvolvimento de Recursos Humanos

Agradecimentos

Há aproximadamente 15 anos comecei a me interessar profundamente pelo comportamento organizacional. No início, eu buscava entender os motivos que levavam algumas empresas a se tornarem grandes, notórias e bem-sucedidas, ao passo que outras não. Tinha curiosidade de saber o que levava uma empresa a se perpetuar ao longo da sua existência e outras a morrerem ainda jovens. James Collins e Jerry Porras esclareceram a minha curiosidade quando lançaram o livro *Feitas para durar*.[1] Neste livro, resultado de uma pesquisa de seis anos, eles detalham os principais motivos que tornam as empresas diferentes entre si e descrevem as características das organizações mais duradouras e bem-sucedidas do mundo.

Um resultado intrigante apresentado no livro é que as empresas bem-sucedidas estudadas não têm uma ideologia única que possa ser adotada por outras organizações. Na realidade, não existe um conjunto exato de valores organizacionais para que uma empresa seja bem-sucedida. O que importa é quanto a empresa vive, respira e expressa os seus valores. O que as empresas bem-sucedidas da pesquisa têm de diferente é o fato de buscarem constantemente alinhar seus valores organizacionais aos dos indivíduos que nelas trabalham. Em outras palavras, essas empresas buscam o alinhamento cultural.

A partir desse aprendizado, comecei a me interessar ainda mais pelo estudo da cultura organizacional e busquei entender melhor os seus conceitos. Foi então que conheci os estudos de Edgard Schein. Seu best-seller *Organizatio-*

---

1. COLLINS, J.C. e PORRAS, J.I. *Feitas para durar: práticas bem-sucedidas de empresas visionárias.* 2ª ed. Rio de Janeiro: Rocco, 1995.

nal Culture and Leadership[2] ajudou-me a compreender que os conceitos da cultura organizacional são difíceis de definir, analisar e mensurar. Além disso, Schein me ajudou a entender que a cultura organizacional é uma manifestação do comportamento dos grupos sociais que compartilham valores comuns e, muito importante, que os fundadores e líderes da organização têm um papel essencial na criação, no desenvolvimento e na manutenção da cultura organizacional. Com este livro de Schein tive o meu primeiro contato com as metodologias de diagnóstico da cultura organizacional.

Quase simultaneamente ao primeiro contato com este best-seller, tive a oportunidade de conhecer pessoalmente, em um congresso, Arie de Geus. Participei de uma mesa-redonda em que ele apresentou o conteúdo do seu recém-lançado livro *The Living Company*.[3] De Geus, enquanto executivo da Shell Group (da qual também foi diretor no Brasil), realizou uma pesquisa com empresas centenárias a fim de verificar se elas tinham algo em comum que pudesse explicar o motivo do sucesso por tanto tempo. Um dos motivos identificados por De Geus me chamou a atenção. Aquelas empresas possuíam um forte senso de identidade que impactava o comportamento da comunidade.

Influenciado por Schein, busquei conhecer mais sobre o papel da liderança nas organizações, aprofundando meus estudos nos conceitos de Paul Hersey, Kenneth Blanchard e Dewey Johnson, que publicaram o livro *Management of Organizational Behavior*.[4] Nele, os autores discutem com profundidade o papel da liderança nas organizações e enfatizam que os valores organizacionais governam os comportamentos dos indivíduos e demonstram para a comunidade interna, por meio de normas, políticas e controles que se refletem nas estratégias organizacionais, a razão de ser da empresa. Também ressaltam que é de responsabilidade dos líderes ser o modelo representativo da identidade organizacional.

Após estas e outras leituras sobre cultura organizacional, comecei a estudar sobre a terceirização que, àquela época, estava se tornando uma estratégia de negócio muito presente nas organizações. Dois livros me ajudaram a perceber a importância da terceirização para as empresas. O primeiro foi o livro de Jerônimo Leiria, *Terceirização*,[5] e o segundo, de Dernisio Pagnoncelli, *Tercei-*

---

2. SCHEIN, E.H. *Organizational Culture and Leadership*. 2ª ed. San Francisco: Jossey-Bass, 1992.

3. DE GEUS, A. *The Living Company*. Boston: HBR Press, 1997.

4. HERSEY, P.; BLANCHARD, K.H. e JOHNSON, D.E. *Management of Organizational Behavior: utilizing human resources*. 7ª ed. Prentice Hall: Upper Saddle River, 1996.

5. LEIRIA, J.S. *Terceirização: uma alternativa de flexibilidade empresarial*. São Paulo: Gente, 1995.

rização e Parceirização.[6] Entre outros assuntos, ambos apontam as principais dificuldades encontradas nas terceirizações. Dentre as dificuldades apontadas, duas me chamaram a atenção. A primeira refere-se à má gestão dos processos: falta de planejamento do projeto e implantação malfeita deste e administração amadora do contrato. A segunda diz respeito à cultura organizacional: resistência às mudanças e dificuldades na adaptação do relacionamento entre as empresas contratante e contratada.

Estimulado por muitas outras leituras sobre terceirização, elaborei o *Guia Prático de Terceirização,*[7] cujo objetivo principal foi propor uma metodologia para o planejamento de projetos de terceirização, a fim de minimizar as dificuldades entre o contratante e a contratada e aumentar o sucesso da parceria.

Apesar de ter me afastado um pouco do tema cultura organizacional naquele livro, não deixei de enfatizar sua importância no momento do planejamento do projeto de terceirização. É essencial prever os conflitos culturais que poderão ocorrer com a terceirização, pois a cultura das empresas deve promover um relacionamento sinérgico.

É muito importante avaliar e comparar os valores de ambas as empresas, contratante e contratada, principalmente aqueles que irão propiciar cooperação entre as partes. Valores organizacionais congruentes significam menores dificuldades de integração das equipes, mais treinamento em conjunto, maior satisfação e/ou motivação dos empregados, comunicação mais eficaz, respeito pelas diferenças e maior confiança entre as partes. Como menciona Manuel Alvarez,[8] "uma parceria só florescerá se houver adequabilidade cultural entre as partes; do contrário, defrontar-se-á com uma perigosa armadilha".

Mais alguns anos se passaram e fui aprofundando meus estudos acadêmicos na área de cultura organizacional, sem perder de vista os conceitos de terceirização, pois, naquela época, eu ainda era executivo de uma grande empresa globalizada que os utilizava com muita intensidade.

Como consequência, e estimulado por um amigo, realizei o curso de doutorado em Administração, com ênfase nos temas cultura organizacional

---

6. PAGNONCELLI, D. *Terceirização e Parceirização: estratégias para o sucesso empresarial.* Rio de Janeiro: D.Pagnoncelli, 1993.

7. RUSSO, G. *Guia Prático de Terceirização: como elaborar um projeto de terceirização eficaz.* Rio de Janeiro: Campus/Elsevier, 2007.

8. ALVAREZ, M.S.B. *Terceirização: parceria e qualidade.* Rio de Janeiro: Campus/Elsevier, 1996.

e terceirização. Durante o curso, tive a oportunidade de testar cientificamente a hipótese de que a cultura organizacional influencia o desempenho das terceirizações. Assim, consegui certificar-me de que a cultura organizacional, influencia as terceirizações.

Após o doutorado, tive a oportunidade de conduzir uma pesquisa com mais de 100 empreendedores. Esta teve como objetivo principal identificar os valores que governam os empreendedores. Esse projeto produziu como resultado o livro *Cultura Empreendedora*,[9] que foi escrito em parceria com Patrícia Amélia Tomei e Carla Francisca Bottino Antonaccio.

Com a continuidade das pesquisas e consultorias, sistematizei uma metodologia de diagnóstico da cultura organizacional e outra de desempenho organizacional que, em conjunto, têm apresentado resultados muito precisos na identificação do alinhamento cultural entre empresas contratantes e contratadas.

Entretanto, para chegar até aqui com sucesso, contei com a ajuda de muitas pessoas e, assim, gostaria de registrar os meus agradecimentos:

- à minha família, pelo enorme estímulo e apoio incondicional;
- aos docentes da Pontifícia Universidade Católica do Rio de Janeiro, em especial às professoras Patrícia A. Tomei e Diana Macedo-Soares, pelos ensinamentos e parcerias em diversos projetos profissionais e acadêmicos;
- à empresa Dedix – Gestão Empresarial que apoiou o lançamento deste livro;
- à Campus/Elsevier, que mais uma vez aceitou um projeto literário realizado por mim;
- à amiga Andréa Cherman, que me ajudou na revisão do livro;
- e a todos aqueles que deixei de mencionar, meu muito obrigado.

---

9. TOMEI, P.; RUSSO, G. e BOTTINO, C. *Cultura Empreendedora: guia prático para seleção de empreendedores*. Rio de Janeiro: Officebook, 2008.

Apresentação

Este livro teve como origem a preocupação de sistematizar e compartilhar uma forma de realizar o diagnóstico da cultura organizacional em empresas de pequeno e grande porte, públicas e privadas, assim como nacionais e multinacionais.

Apesar de não ter como objetivo discutir os processos, os contratos e os motivos da terceirização, esta obra objetiva demonstrar a influência da cultura organizacional no desempenho da terceirização.

Resumidamente, este livro:

- Demonstra a influência do alinhamento da cultura organizacional do contratante e da contratada no desempenho da parceria interorganizacional, resultante de um processo de terceirização.
- Mapeia e compara as culturas organizacionais do contratante e da contratada em uma parceria de terceirização.
- Apresenta uma metodologia de diagnóstico da cultura organizacional e, também, um instrumento de avaliação do desempenho da terceirização.
- Apresenta outros modelos existentes de diagnóstico de cultura organizacional.

Para facilitar a compreensão sobre o processo de elaboração do diagnóstico da cultura organizacional, este livro foi dividido em três partes:

- Na Parte I, *Por Onde Começar*, são apresentados os conceitos sobre os temas cultura organizacional, valores organizacionais, terceirização e desempenho, demonstrando o relacionamento entre eles.

- Na Parte II, *Como Aplicar os Conceitos*, estão descritos a metodologia para diagnóstico da cultura organizacional e um estudo de caso para exemplificar a aplicação do método, contendo todos os passos do diagnóstico, incluindo a análise e a interpretação dos resultados.
- Na Parte III, *Tipologias e Questionários*, são apresentadas metodologias de diagnóstico da cultura organizacional desenvolvidas por outros autores. Além disso, encontram-se os questionários utilizados neste livro.

A relevância deste livro

As dificuldades existentes nas relações de parceria entre as empresas, com o crescimento da adoção da terceirização e o número de insucessos dessas parcerias (veja resultado da pesquisa do The Outsourcing Institute na Introdução), aumentam a necessidade de as organizações contratantes se preocuparem com o alinhamento cultural com os seus parceiros (terceirizados). A competitividade exige que as empresas tenham alto desempenho para não serem excluídas do mercado.

Há muitos anos, a terceirização tem sido utilizada como estratégia de negócio, com ênfase principalmente econômica. Em função disso, alguns pesquisadores têm tentado identificar as variáveis que impactam efetivamente o desempenho da terceirização sob os pontos de vista da contratante e da contratada; no entanto, pouco obtiveram de concreto.[1]

FATORES PARA O SUCESSO DA TERCEIRIZAÇÃO[2]

1. Entender os objetivos e metas da organização.
2. Ter uma visão e um planejamento estratégicos.
3. Selecionar o fornecedor certo.
4. Gerenciar continuamente o relacionamento.
5. Possuir um contrato adequadamente estruturado.
6. Possuir uma comunicação aberta com indivíduos e grupos.
7. Possuir apoio e envolvimento da alta administração.
8. Cuidar dos assuntos relacionados às pessoas.
9. Justificar os financiamentos de curto prazo.
10. Usar especialistas externos.

---

1. VALENÇA, M.C. e BARBOSA, A.C. (2002), op. cit.
2. THE OUTSOURCING INSTITUTE. Disponível em: <www..outsourcing.com/ content. asp?page=01b/articles/intelligence/oi_top_ten_survey.html&nonav=true>. Acesso em: 25 maio 2005.

A abordagem do tema é complexa, na medida em que a terceirização se expande com muita velocidade para as áreas estratégicas das organizações.

Segundo o The Outsourcing Institute,[3] existem 10 fatores para se obter sucesso numa terceirização (veja o box "Fatores para o Sucesso da Terceirização"). Como se pode observar, a maioria dos fatores aborda aspectos intangíveis da terceirização. Assim, ter conhecimento de que as variáveis intangíveis também são relevantes – além das variáveis tangíveis constantes no contrato de terceirização – e contribuem para o sucesso da terceirização é essencial para qualquer organização que adote uma política de terceirização

A partir da percepção da existência do intangível no universo corporativo, diagnosticar a cultura organizacional e o desempenho das terceirizações passa a ser essencial para o sucesso das empresas.

---

3. THE OUTSOURCING INSTITUTE. Disponível em: <www..outsourcing.com/ content. asp?page=01b/articles/intelligence/oi_top_ten_survey.html&nonav=true>. Acesso em: 25 maio 2005.

Prefácio

Cultura organizacional e terceirização são temas amplos, muito discutidos nas organizações e até nas universidades, mas frequentemente de forma segmentada. Tal situação revela um desafio da academia no Brasil: preservar a sua razão de ser, contribuindo de maneira significativa para o avanço dos modelos organizacionais e empresariais. Este é um dos objetivos de Giuseppe Russo neste livro.

Permito-me retomar um ponto que discutimos, eu e Sumantra Ghoshal, da London Business School, em um dos nossos livros, *Estratégia e Gestão Empresarial*. Há dois modos distintos de a empresa abordar seus relacionamentos, e cada um deles corresponde a uma filosofia muito diferente de gestão, o que se reflete de maneira particular no trato com os terceirizados.

Numa descrição sucinta, podemos dizer que a primeira abordagem baseia-se no poder, passa pelo uso do poder de compra e pela capacidade de barganha e que a segunda fundamenta-se em relacionamentos nos quais o destino da empresa e o de seus diferentes interlocutores são compartilhados.

Ambas as abordagens podem ser eficazes, no sentido de possibilitar o alcance de metas de redução de custos e de agregar valor. Portanto, a opção não deve se basear em qual delas funciona e, sim, nos valores fundamentais da empresa e dos seus dirigentes.

Quando se adota a filosofia de destinos compartilhados, as relações são construídas com base na confiança mútua e no comprometimento com a interdependência das duas partes, o que exige capacidade de aprender e resolver problemas de maneira conjunta. Com os terceiros, essa abordagem requer grande disciplina e, especialmente, uma relação de confiança e compartilhamento dos valores fundamentais que compõem a cultura organizacional.

Quando a empresa escolhe um desses modos tão fundamentalmente diferentes, ele passa a reger todos os seus relacionamentos – os internos, com colaboradores e sindicatos, e os externos, com fornecedores, revendedores, clientes, mídia, parceiros e até mesmo concorrentes.

Uso a palavra "escolha" não por acaso. Em todo o mundo, até recentemente, prevalecia a força do poder nos relacionamentos. A estratégia das organizações era formulada de maneira a reduzir o poder dos clientes e dos fornecedores; os lucros constituíam-se em resultado do jogo de poder do mercado. Assim, empresas adquiriram concorrentes para criar poder de monopólio, funcionários formaram sindicatos militantes para aumentar o poder de barganha e clientes compraram de muitas fontes para manter o poder de compra. Também no Brasil muitas organizações adotaram esse modelo de relacionamento com todos os seus *stakeholders*.[1]

A situação está mudando. Tais relacionamentos tendem a ser – e muitos de fato são – eficientes a curto prazo, mas têm se mostrado de alto custo a longo prazo. Fornecedores e clientes são uma grande fonte de ideias inovadoras. Portanto, empresas que focam suas relações no poder negam a si mesmas os benefícios dessas ideias e acabam perdendo posição no jogo da inovação. Funcionários motivados e comprometidos impulsionam o processo de melhoria contínua da performance. Organizações que controlam os funcionários com a força do poder sacrificam tais benefícios.

Reconhecendo esses pesados custos, empresas de todo o mundo têm tentado adotar o relacionamento com destinos compartilhados. Não se trata de altruísmo ou generosidade. Nos novos tempos, urge mudar para atender às necessidades do negócio, a fim de assegurar um desempenho superior.

Os momentos de crise econômica colocam à prova muitas das escolhas feitas. Neles, o discurso articulado e considerado mais "moderno" não resiste se não transformado em prática. Em meio à crise, reconhecemos de forma mais aberta os valores das pessoas e das organizações. Esses valores irão reger as escolhas da empresa de modo consistente, para que as

---

1. *Stakeholders*: todas as partes que influenciam a gestão da organização.

relações se tornem menos utilitaristas e se construam efetivamente, com os destinos compartilhados.

Uma nova e poderosíssima arma competitiva ainda continua invisível para muitas empresas brasileiras: a capacidade de construir, manter e alavancar relacionamentos. É fundamental observar que um dos traços essenciais da nossa cultura é ser relacional. Valorizam-se interações e há uma capacidade de adesão e mobilização que se pode traduzir em diferencial na atual realidade do mundo organizacional.

Em várias partes do mundo, o reconhecimento do enorme valor das relações tem produzido mudanças avassaladoras nas práticas de gestão. Alianças estratégicas, relacionamento com o mercado e parcerias com fornecedores são algumas das manifestações dessa tendência. Entretanto, para construir relações duradouras e valiosas para a empresa, os gestores têm de enfrentar algumas questões fundamentais ligadas aos seus valores e à sua filosofia de gestão.

Para alguns gestores, o relacionamento com destinos compartilhados pode parecer mais atraente, nem que seja apenas pelo fato de o discurso parecer mais agradável. Para quem pensa assim, uma palavra de advertência: esse tipo de relacionamento é muito difícil de construir e mais difícil ainda de sustentar ao longo do tempo. Não pode ser implementado apenas em parte.

A empresa que deseja adotar essa abordagem com seus fornecedores e terceirizados terá de aplicar as mesmas regras aos funcionários e aos clientes. Não é algo que basta fazer. É algo que tem de ser construído, vivido e experimentado dia a dia.

Desejo que a leitura deste livro, que aborda e busca integrar dois assuntos complexos e fundamentais, contribua para a reflexão sobre o núcleo central de valores da cultura da sua empresa, assim como dos terceiros com ela envolvidos.

Betania Tanure, PhD
Professora da PUC-MG e da Fundação Dom Cabral

Prólogo

Q uando conheci Giuseppe, há nove anos, percebi que se tratava de uma pessoa com grande conhecimento intelectual e serenidade ímpar, o que inseria nas relações, de imediato, o sentimento de confiança e credibilidade. O que eu não imaginava naquela época é que ele também se destacaria como escritor e que eu seria a amiga e profissional convidada para elaborar este prefácio.

Este livro descreve a importância e o impacto do alinhamento cultural nas relações interorganizacionais (terceirizações) e no desempenho (sucesso) das parcerias. Além disso, apresenta um modelo de diagnóstico da cultura organizacional que permite identificar os valores organizacionais que governam as instituições.

A discussão dos principais modelos de diagnóstico da cultura organizacional descritos no livro, tendo em vista as transformações do trabalho nas últimas décadas, identifica diferentes opiniões e citações de diversos autores sobre os valores organizacionais e a terceirização. Ambos os temas são cada vez mais presentes e necessários a todos os profissionais, não apenas para nós da área de Recursos Humanos que utilizamos essas informações em nosso cotidiano, como também para as diferentes áreas organizacionais, principalmente aquelas que realizam contratações de prestadores de serviços (terceirizados).

Ao iniciar a leitura, você perceberá que se trata de uma excelente fonte de consulta para os profissionais que desejam e precisam se aperfeiçoar nos conceitos e processos da cultura organizacional nas instituições em que trabalham e, por que não dizer, que prestam algum tipo de serviço e estão envolvidos com o assunto no dia a dia.

O livro reflete um profundo exercício de pesquisa realizada pelo autor e está dividido em nove capítulos, apresentados com profundidade e conhecimento. Cada um deles contém ricas informações que podem auxiliar os profissionais de Recursos Humanos e das demais áreas organizacionais a driblar as constantes barreiras da gestão empresarial.

É um convite para os que desejam se aprofundar sobre os valores organizacionais e a terceirização e, consequentemente, acompanhar a evolução destes temas no mercado de trabalho.

Desejo uma ótima leitura e finalizo com uma das frases de Fernando Pessoa que mais aprecio: "E o meu desejo, porque é forte, entra na substância do mundo."[1]

Sucesso ao Giuseppe, que sonhou e acreditou um dia, e aos inúmeros leitores, por reconhecerem em obras como esta constante fonte de aperfeiçoamento e cultura.

Adriana Teixeira
Diretora de Recursos Humanos, Losango
Profissional do Ano 2008 – ABRH
Uma empresa do Grupo HSBC

---

1. Do poema "O ter deveres, que prolixa coisa!"

Sumário

Introdução

N o livro *Guia Prático de Terceirização*,[1] detalhei o processo para elaboração de um projeto para seleção de prestadores de serviços e apresentei os atributos a serem analisados. Entre os principais, um atributo tem se destacado na literatura acadêmica e de negócios como aquele que mais influencia o sucesso ou o fracasso das terceirizações: a cultura organizacional.

Buscando aprofundar o estudo sobre a importância da cultura organizacional para as empresas, apresentei, no livro *Cultura Empreendedora,* a relevância do alinhamento cultural, no sentido de a organização buscar conhecer os valores pessoais de seus colaboradores para criar um diferencial competitivo.

No caso das terceirizações em particular, o The Outsourcing Institute[2] realizou uma pesquisa que identificou as principais causas de fracasso das terceirizações. Como descrito na Figura I.1, o principal motivo é a falta de alinhamento cultural entre as culturas organizacionais do contratante e da contratada.

A cultura organizacional, talvez por ser uma variável organizacional intangível, não tem despertado o interesse de muitas organizações quanto ao seu impacto nas terceirizações,[3] apesar do fato de que: 55% das parcerias falham

---

1. RUSSO, G. (2007), op. cit.
2. THE OUTSOURCING INSTITUTE. Veja www.outsourcing.com
3. VALENÇA, M.C. e BARBOSA, A.C. "A terceirização e seus impactos: um estudo em grandes organizações de Minas Gerais". *Revista de Administração Contemporânea*, vol. 6, n. 1, 2002, pp. 163-185.

Figura I.1

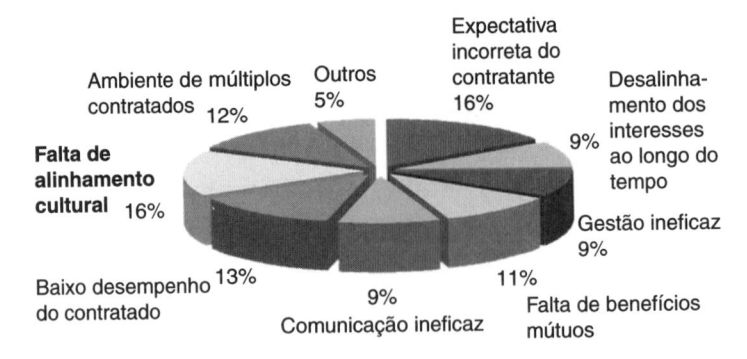

Fonte: The Outsourcing Institute

em atingir seus objetivos,[4] 35% das parcerias fracassam[5] e os benefícios esperados das terceirizações, em geral, não são alcançados.[6] Nesse sentido, a cultura organizacional tem sido citada como responsável por muitos dos resultados indesejáveis[7] das terceirizações.

Historicamente, a motivação pela terceirização tem sido explicada com base nos benefícios estratégico, econômico, tecnológico[8] e político.[9] Em função desses benefícios, muitas organizações passaram a terceirizar com mais intensidade ao longo das duas últimas décadas. Muitos estudos tentaram identificar os benefícios e relacioná-los com o desempenho da terceirização. O foco principal para esse fim tem sido a análise dos processos,[10] mais especificamente as etapas realizadas antes e/ou após a implantação da terceirização.

---

4. LEISEN, B.; LILLY, B. e WINSOR, R.D. "The effects of organizational culture and market orientation on the effectiveness of strategic marketing alliances". *Journal of Services Marketing*, vol. 16, n. 3, 2002, pp. 201-222..

5. WILLCOCKS, L.P. e LACITY, M.C. "IT Outsourcing in Insurance Services: Risk, Creative Contracting and Business Advantage". *Information Systems Journal*, vol. 9, n. 3, 1999, pp. 163-180.

6. LACITY, M. e HIRSCHHEIM, R. "Realizing Outsourcing Expectations". *Information Systems Management*, vol. 11, n. 4, 1994.

7. LEISEN, B. et al. (2002), op. cit.

8. KIM, S. e CHUNG, Y. "Critical success factors for is outsourcing implementation from an interorganizational relationship perspective". *The Journal of Computer Information Systems*, vol. 43, n. 4, 2003.

9. LACITY, M. e HIRSCHHEIM, R. "Realizing Outsourcing Expectations: incredible expectations, credible outcomes". *Information Systems Management*, vol. 11, n. 4, 1994.

10. KLEPPER, R. "The Management of Partnering Development in I/S Outsourcing". *Journal of Information Technology*, n. 10, 1995, pp. 249-258.

Para aprofundar os estudos sobre terceirização, alguns pesquisadores[11] começaram a realizar pesquisas fundamentadas nas teorias sociais, como o Social Exchange Theory (Teoria das Relações Interpessoais), o Power-Political Theory e o Relational Exchange Theory. Essas teorias foram utilizadas para o entendimento da continuidade do relacionamento nas terceirizações, pois o interesse pelo sucesso de uma terceirização tem sido um dos principais temas das pesquisas.

Essas pesquisas têm buscado, também, identificar modelos que possam explicar os motivos do sucesso ou do insucesso das terceirizações. Da mesma forma que as variáveis intangíveis têm sido testadas para explicar o sucesso da terceirização, os modelos aplicados nos diversos estudos têm demonstrado a transição que vem ocorrendo dos modelos estratégico e econômico para o modelo social.

As teorias sociais têm demonstrado que, em qualquer relacionamento de terceirização, a interação entre o contratante e a contratada vai além das regras estabelecidas no contrato. A elaboração de contratos completos e complexos não tem melhorado as relações entre o contratante e a contratada numa relação de terceirização, pois a interação entre eles transcende o contrato formal.[12] Existem fatores, como por exemplo, os comportamentais, que são intangíveis e que não são, salvo algumas exceções, especificados no contrato.[13] Assim, têm sido realizadas tentativas de identificar as variáveis intangíveis que determinavam o sucesso das terceirizações.[14]

Dentre os fatores comportamentais identificados, destaca-se a cultura organizacional que define os comportamentos dos profissionais que trabalham nas organizações.[15]

11. HENDERSON, J.C. "Plugging into Strategic Partnership: The critical is connection". *Sloan Management Review*, vol. 31, n. 3, 1990, pp. 7-18.
12. LEE, J.; HUYNH, M.Q.; KWOK, R.C. e PI, S. "The Evolution of Outsourcing Research: What is the next issue?" In: 33rd Hawaii International Conference on System Sciences, 2000. Proceedings of the 33rd Hawaii International Conference on System Sciences, 2000.
13. LEE, J. e KIM, Y. "Exploring a Causal Model for the Understanding of Outsourcing Partnership". In: 36th Hawaii International Conference on System Sciences – IEEE, 2002. Proceedings of the 36th Hawaii International Conference on System Sciences – IEEE, 2002.
14. LEE, J. e KIM, Y. "Effect of Partnership Quality on IS Outsourcing Success: Conceptual framework and empirical validation". *Journal of Management Information System*, vol. 15, n. 4, 1999.
15. WEESE, W.J. "Do Leadership and Organizational Culture Really Matter?". *Journal of Sport Management*, vol. 10, 1996, pp. 197-206.

A literatura tem enfatizado que as empresas bem-sucedidas[16] são aquelas que apresentam alguma(s) das seguintes características:[17]

- Grande barreira de entrada (por exemplo, necessidade de altos investimentos).
- Produtos de difícil substituição.
- Fatia de mercado considerável (com ganho de escala).
- Compradores e fornecedores com pouco poder de negociação (por falta de opção).
- Baixa competição entre concorrentes.

Não há dúvidas de que essas características podem aumentar o sucesso financeiro das empresas; entretanto, muitas empresas de maior retorno financeiro nas últimas décadas não apresentam nenhuma dessas características.[18]

No Brasil, não é possível mapear o sucesso financeiro da maioria das empresas, pois são poucas as de capital aberto, com informações financeiras disponíveis na Bolsa de Valores. No entanto, pode-se mensurar o sucesso das empresas em função da percepção de seus empregados.

Há alguns anos, a pesquisa "Melhores Empresas para se Trabalhar"[19] tem apresentado as empresas de sucesso que são reconhecidas por seus empregados. A empresa Masa da Amazônia, bicampeã (2006 e 2007) na pesquisa, situa-se em Manaus (AM) e atua no segmento de componentes plásticos. Esse segmento tem as portas abertas para novos entrantes, tem dado muitos prejuízos aos seus investidores, dispõe de muitos produtos substitutos e não possui a liderança do mercado. Ainda assim, a Masa foi bicampeã da pesquisa "Melhores Empresas para se Trabalhar".

O que será que esta e outras empresas destaques da pesquisa têm de diferente com relação às demais para serem adoradas por seus empregados? Como essas empresas conseguiram chegar lá, ao passo que outras fracassaram? O que fizeram as empresas relacionadas no box "Melhores Empresas para se Trabalhar" terem o destaque que a maioria não teve?

---

16. Nesse caso, as empresas que têm mantido a lucratividade por longo tempo.
17. PORTER, M.E. *Competitive Strategy: Techniques for Analysing Industries and Competitors*. New York: Free Press, 1980.
18. CAMERON, K.S. e QUINN, R.E. *Diagnosing and Changing Organizational Culture: Based on the Competing Values Framework*. Addison-Wesley Publishing, 1999.
19. Veja Guia Exame – Você S/A

"Melhores Empresas para se Trabalhar" – 2007 [20]

- **Masa** (Manaus, AM – Componentes plásticos)
- **Albrás** (Bacarena, PA – Alumínio)
- **Serasa** (em todo o Brasil – Análise e informações para concessão de crédito)
- **Landis+Gyr** (Curitiba, PR – Equipamentos de Medição)
- **Volvo** (Multinacional – Veículos)
- **Arvin Meritor** (Limeira, SP – Sistemas para veículos leves)
- **Promon** (São Paulo, SP – Engenharia)
- **Chemtech** (Rio de Janeiro, RJ – Engenharia de TI)
- **Caterpillar** (São Paulo, SP – Equipamento de terraplanagem)
- **Hoken** (São José do Rio Preto, SP – Processador hidrocinético)

O principal motivo em cada um dos casos é menos tangível e mais poderoso que as características financeiras. A vantagem competitiva dessas empresas, que se destacaram na pesquisa "Melhores Empresas para se Trabalhar", é o fator que seus gestores destacam como sendo o motivo-chave para o sucesso: a cultura organizacional.

Nesse sentido, vejamos algumas informações sobre as três primeiras colocadas da pesquisa em 2007:

- **Masa.** A empresa ganhou em 2006 o Prêmio Inovação e Empreendedorismo da revista *Exame*, o que se atribui, segundo seu presidente Ulisses Tapajós Neto, ao reconhecimento da cultura organizacional da Masa, focada na valorização das pessoas e na inovação.[21] O extraordinário envolvimento dos empregados fez com que algumas ideias praticamente dobrassem a produtividade.[22] A direção da empresa acredita que as pessoas são as responsáveis pelo grande diferencial competitivo das organizações vencedoras.[23]

- **Albrás.** A cultura da empresa favorece o debate, a disseminação da informação e os contatos diretos da direção com os empregados. Um exemplo disso é que todos os dias, antes da troca de turno, os empre-

---

20. Veja *Guia Exame – Você S/A*
21. Veja www.paulopedrosa.com.br
22. Veja www.vocesa.abril.com.br
23. Veja www.fnq.org.br

gados se reúnem em grupos para conversarem sobre questões de segurança durante 15 minutos.[24] O entrosamento de líderes e subordinados foi certamente um dos trunfos da empresa para saltar do 10º para o 2º lugar no *ranking* das "Melhores Empresas para se Trabalhar".[25]

- **Serasa.** A empresa fundamenta a prática de gestão de pessoas em seu Sistema de Desenvolvimento Humano, por meio de seis processos fundamentais que agregam todos os projetos, programas, atividades e ações da empresa. Os processos de Gestão de Pessoas por Competências e de Gestão do Conhecimento representam a atuação no "Desenvolvimento Profissional do Ser Serasa". Os processos de Qualidade de Vida e Cidadania Empresarial representam a atuação no Desenvolvimento Pessoal, tendo como eixo do sistema o Desenvolvimento da Liderança e a Gestão da Cultura Organizacional.[26]

Cada uma dessas empresas desenvolveu e possui uma cultura organizacional única que é clara e está internalizada pelos seus empregados. As empresas de sucesso possuem uma cultura organizacional que define as estratégias. Elas descobriram o poder que reside no desenvolvimento e gerenciamento de uma cultura organizacional única.

O sucesso destas e das demais empresas premiadas tem menos a ver com as forças de mercado do que com a cultura organizacional. Verifique se as empresas de sucesso que você conhece dão maior ênfase à cultura organizacional do que às questões financeiras. Na realidade, para essas empresas de sucesso os resultados financeiros são a consequência da gestão cultural.

Assim, tendo em vista a importância da cultura organizacional para o sucesso do negócio e das terceirizações, este livro tem o propósito principal de apresentar uma metodologia de diagnóstico sistemático da cultura organizacional com o objetivo de contribuir para o incremento do desempenho organizacional das empresas e das terceirizações atuais e futuras. Também objetiva ser uma fonte de pesquisa, no sentido de explicar as dimensões da cultura organizacional e ilustrar o poder dos valores organizacionais. Para detalhar a

---

24. Veja www.paranegocios.com.br
25. Veja www.vocesa.abril.com.br
26. Veja www.serasa.com.br

metodologia, apresenta, inclusive, um exemplo de diagnóstico da cultura e do desempenho organizacionais.

Uma vez que a cultura organizacional é fundamental na eficácia de longo prazo das organizações, é necessário que aqueles que exercem a liderança da empresa ou fazem a gestão da cultura organizacional possam identificá-la. A identificação da cultura organizacional atual, em conjunto com a cultura desejada pela empresa, possibilita a elaboração de um programa de gerenciamento cultural.

Como a cultura organizacional compreende um conjunto de forças importantes, realizar o seu diagnóstico permitirá à organização:

- Tornar os colaboradores mais produtivos e satisfeitos no trabalho.[27]
- Influenciar o comportamento organizacional, dos indivíduos e dos grupos.
- Influenciar o padrão de crenças e expectativas compartilhadas pelos colaboradores.
- Influenciar a maneira como os colaboradores fazem negócios, tratam os clientes e demais membros da empresa.
- Incrementar o grau de lealdade expresso pelos colaboradores.
- Institucionalizar os valores desejados pela liderança da empresa.
- Conhecer a subjetividade dos comportamentos que governam os colaboradores.
- Aumentar o desempenho organizacional.
- Alinhar os comportamentos às práticas organizacionais.
- Alinhar os comportamentos às estratégias organizacionais.
- Auxiliar a legitimar o sistema gerencial da empresa.
- Clarificar e reforçar padrões de comportamento.

Assim, este livro apresenta, ainda, o conceito da terceirização, buscando descrever a importância do alinhamento cultural entre a empresa contratante e os prestadores de serviços.

As empresas terceirizam por diversos motivos, mas não podemos deixar de atestar que, ao terceirizar, estão realizando uma parceria e que dela resulta um relacionamento empresarial. Dessa maneira, conhecer a cultura organizacional entre as empresas parceiras é essencial para que a gestão organizacional e cultural promova o incremento desejado no desempenho da organização.

---

27. FREITAS, M.E. de. (1991), op. cit.

PARTE I

Por onde começar

Esta primeira parte apresenta uma análise dos principais conceitos dos temas cultura organizacional, valores organizacionais, terceirização e desempenho das terceirizações. Descreve, também, os principais termos descritos ao longo do livro.

Assim, no Capítulo 1 é apresentado o conceito de cultura organizacional, suas definições de acordo com diversos autores, a relevância do tema e os principais modelos de diagnóstico da cultura organizacional. A cultura organizacional é fundamental para a administração e implantação de estratégias que visem melhorar o desempenho de uma organização. Em uma pesquisa da Mercer Management Consulting, com executivos, as principais barreiras apontadas para o crescimento de uma organização estavam direta ou indiretamente ligadas à cultura organizacional. Entender como a cultura organizacional interfere no desempenho das empresas é extremamente essencial. Principalmente, à medida que o número de terceirizações vem crescendo em mercados cada vez mais competitivos e dinâmicos.

No Capítulo 2, são discutidos os conceitos de valores organizacionais e justifica-se a escolha destes como variáveis para diagnosticar a cultura organizacional. Os valores organizacionais têm sido cada vez mais estudados para explicar o comportamento dos indivíduos nas organizações e a formação da cultura da empresa. Os valores organizacionais são crenças que orientam e guiam a vida dos grupos. Eles orientam a vida organizacional e o comportamento dos gestores e dos empregados, sustentam os comportamentos, motivam a obtenção de metas e objetivos, bem como determinam a estrutura, os eventos e as decisões organizacionais.

No Capítulo 3, os conceitos de terceirização são descritos, demonstrando a importância desta para o contexto organizacional. A terceirização tornou-se uma tendência mundial associada ao interesse de se determinar claramente o foco de atuação das organizações. A ideia de substituir a execução das atividades secundárias pela simples administração de contratos com prestadores de serviços é um conceito menor nas parcerias que visam o desempenho superior. A preocupação com o alinhamento cultural entre a empresa contratante e a contratada passou a ser vista como a grande responsável pelo desempenho superior das organizações, possibilitando a melhoria da qualidade pela inovação contínua dos processos e redução dos conflitos entre os parceiros.

Em função da importância da cultura organizacional para o desempenho das terceirizações, no Capítulo 4, os temas cultura organizacional e terceirização se relacionam conjuntamente com o desempenho da parceria interorganizacional. Neste sentido, discutem-se a relevância e o impacto da cultura organizacional no desempenho das terceirizações. Este conhecimento é essencial, pois muitas terceirizações ocorrem sem que o contratante se preocupe com o desempenho da atividade contratada e muito menos com o seu impacto no negócio como um todo. Muitas vezes, a visão da parceria é de curto prazo, sem a percepção de que qualquer atividade organizacional impacta o desempenho da organização. Sob o prisma da contratada, a preocupação com o desempenho da parceria aumenta o tempo de duração do contrato, pois dificilmente uma organização contratante teria interesse em mudar um prestador de serviços que efetivamente contribui para o incremento do seu desempenho.

Para um bom entendimento dos termos utilizados neste livro é necessário, desde o início, esclarecer alguns conceitos. São eles:

TEMA	CONCEITO
Cultura Organizacional	É o conjunto de valores compartilhados pelos membros de uma organização que representam o padrão de comportamento desses membros.[1,2,3,4]
Valores Organizacionais	Representam o núcleo da cultura organizacional e diferenciam uma organização da outra e direcionam atitudes, julgamentos e comportamentos individuais.[5]
Congruência Cultural	Alinhamento entre os valores culturais de duas empresas.[6]
Terceirização	Transferência de atividade(s) para ser(em) realizada(s) por terceiros (prestadores de serviços).[7]
Parceria	É um relacionamento interorganizacional criado para atingir objetivo(s) compartilhado(s) entre os participantes.[8]
Contrato	Acordo formal entre as partes.
Sucesso e Desempenho	Nível de alinhamento entre as exigências ou expectativas do contratante e os resultados ou desempenho da terceirização.[9,10]

1. PETTIGREW, A.M. "A cultura das organizações é administrável?" In: FLEURY, M.T.L. e FISCHER, R.M. (org). *Cultura e poder nas organizações*. 2ª ed. São Paulo: Atlas, 1996.

2. KOTTER, J.P. e HESKETT, J.L. *A cultura corporativa e o desempenho empresarial*. São Paulo: Makron Books, 1994.

3. O'REILLY, C.; CHATMAN, J. e CALDWELL, D. "People and Organizational Culture: a Profile Comparison Approach to Assessing Person-Organization Fit". *Academy of Management Journal*, vol. 34, 1991, pp. 487-516.

4. CHATMAN, J.A. e JEHN, K. "Assessing the Relationship between Industry Characteristics and Organizational Culture: How Different Can You Be?" *Academy of Management Journal*, vol. 37, 1994, pp. 522-553..

5. CHATMAN, J.A. "Improving International Organizational Research: A Model of Person-Organization Fit". *Academy of Management Review*, vol. 14, n. 3, 1989, pp. 333-349.

6. SANTOS, N.M.B.F. "Cultura e desempenho organizacional: um estudo empírico em empresas brasileiras do setor têxtil". *Revista de Administração Contemporânea*, vol. 2, n. 1, 1998, pp. 47-66.

7. PAGNONCELLI, D. (1993), op. cit..

8. LEE, J. et al. (2000), op. cit.

9. LEE, J. e KIM, Y. (1999), op. cit.

10. KIM, B. e PARK, K. "Satisfying Different Customer Groups for IS Outsourcing: A Korean IS Company's Experience". *Asia Pacific Journal of Marketing and Logistics*, vol. 15, n. 3, 2003, pp. 48-59.

CAPÍTULO 1

Cultura organizacional

A Teoria das Relações Interpessoais (Social Exchange Theory) parte da premissa de que, numa relação de parceria, pode haver dependência de uma parte com relação à outra, gerando risco de um comportamento oportunista.[1] Essa dependência pode ocorrer em função de investimentos financeiros ou diferenças no tamanho das organizações.

Por outro lado, é possível que as partes desenvolvam um relacionamento de trabalho favorável que melhore os resultados esperados. Como consequência, a parceria pode se tornar mais vantajosa para ambas as partes.[2] Felizmente, com o desenvolvimento e o amadurecimento do relacionamento, os comportamentos oportunistas são mais raros de acontecer, mesmo com a existência de vulnerabilidade.[3]

A premissa da Teoria das Relações Interpessoais é que, numa parceria, cada uma das partes deve prover à outra recursos e ambas devem ver a troca como equitativa,[4] de modo que os objetivos individuais não podem ser atin-

---

1. GAINEY, T.W. "Determinants of Satisfaction with External Training Providers: an integration of transaction cost economics and social exchange theory". Tese de Doutorado. Universidade da Carolina do Sul, EUA, 2000.
2. BEUGELSDIJK, S.; KOEN, C.I. e NOORDERHAVEN, N.G. "Organizational Culture and Relationship Skills". *Organization Studies*, vol. 27, n. 6, 2006, pp. 833-854.
3. GAINEY, T.W. (2000), op. cit.
4. GAINEY, T.W. (2000), op. cit.

gidos isoladamente,[5] mas sim de forma compartilhada. Assim, as partes continuam o relacionamento em virtude de a natureza da troca ser mais atrativa que outra possível alternativa.[6]

A Teoria das Relações Interpessoais tem sido usada para explicar os motivos pelos quais as organizações entram em parcerias interorganizacionais (por exemplo, terceirizações), tendo em vista conceber o relacionamento como um processo dinâmico com múltiplas interações no qual as partes realizam atividades entre si e trocam recursos que agregam valor.[7]

Nesse sentido, o relacionamento fica mais intenso quando as partes estabelecem um sistema compartilhado de normas e crenças que o tornam a opção mais desejada.[8] As crenças compartilhadas a respeito da importância dos motivos para transacionar, assim como dos objetivos gerais e de troca estão atreladas aos valores compartilhados e estes encontram-se relacionados com o alinhamento da cultura organizacional entre as partes.[9] Problemas no relacionamento podem surgir quando as partes envolvidas não compartilham os mesmos valores sociais e culturais.[10] Além disso, independentemente do tempo de relacionamento interorganizacional, a cultura organizacional de cada empresa permanece distinta.[11] No entanto, os inter-relacionamentos sociais nas terceirizações permitem às partes se adaptarem às práticas idiossincráticas de cada empresa, possibilitando a sustentação e o fortalecimento do relacionamento, tendo em vista fatores culturais que podem afetar o desempenho.

---

5. GAINEY, T.W. (2000), op. cit.

6. GAINEY, T.W. (2000), op. cit.

7. LEE, J. "The Impact of Knowledge Sharing, Organizational Capability and Partnership Quality on IS Outsourcing Success". *Information & Management*, vol. 38, n. 5, 2001, pp. 323-335.

8. NOOTEBOOM, B. "Trust, Opportunism and Governance: A Process and Control Model". *Organization Studies*, vol. 17, n. 6, 1996, pp. 985-1010.

9. YOUNG-YBARRA, C. e WIERSMA, M. "Strategic Flexibility in Information Technology Alliances: The influence of transaction cost economics and social exchange theory". *Organization Science*, vol. 10, n. 4, 1999, pp. 439-459.

10. KERN, T. e WILLCOCKS, L. "Exploring information technology outsourcing relationships: theory and practice". *The Journal of Strategic Information Systems*, vol. 9, n. 4, 2000, pp. 321-350.

11. KERN, T. e WILLCOCKS, L. "Exploring relationships in information technology outsourcing: The interaction approach". *European Journal of Information Systems*, vol. 11, n. 1, 2002.

Origem do conceito de cultura

O conceito de cultura é originário da Antropologia. O pioneiro no uso do vocábulo cultura foi Edward Tylor (1832-1917), para o qual esse conceito "inclui conhecimentos, crenças, arte, moral, leis, costumes ou qualquer outra capacidade ou hábitos adquiridos pelo homem como membro de uma sociedade".[12] Apesar de não citar o termo cultura, Tylor se referia a elementos daquilo que hoje os antropólogos estudam no âmbito da cultura como a capacidade humana de reter e comunicar suas ideias entre gerações. Ele definiu cultura como todo comportamento aprendido, independente de transmissão genética.[13] A cultura de uma sociedade caracteriza-se, assim, pela soma de ideias e padrões de comportamento habituais adquiridos por meio de instrução ou imitação e da qual os seus membros participam em maior ou menor grau.[14]

Origem da cultura organizacional

O termo cultura organizacional foi estabelecido no final do século XVIII como uma abreviação para gestão do pensamento e comportamento humano e somente passou a ser efetivamente utilizado um século depois,[15] como uma maneira de comparar a conduta humana de forma normativa.

A primeira experiência para entender as organizações em termos de cultura ocorreu no século XX, no início da década de 1930, durante a última fase dos estudos de Hawthorne na Western Eletric Company, nos Estados Unidos, com Elton Mayo e William Warner.[16] Mayo acreditava que Warner poderia adaptar os métodos da antropologia, por ele empregados para descobrir a estrutura social e o sistema de crenças nas sociedades tribais, para a comunidade de trabalho da Western Eletric. Na Western Eletric, Warner verificou como as culturas dos grupos de trabalho afetavam o comportamento e a produtividade do trabalhador

---

12. LARAIA, R.B. *Cultura: um conceito antropológico*. 16ª ed. Rio de Janeiro: Jorge Zahar, 2003.
13. LARAIA, R.B. (2003), op. cit.
14. LINTON, Ralph. *O homem: uma introdução à antropologia*. 12ª ed. São Paulo: Martins Fontes, 2000.
15. BAUMAN, Z. "Culture and Management". *Parallax*, vol. 10, n. 2, 2004, pp. 63-72,
16. TRICE, H. e BEYER, J. *The Cultures of Work Organizations*. Englewood Cliffs: Prentice Hall, 1993.

em um ambiente de trabalho. Com observações e entrevistas, Warner descreveu três tipos de relações que ocorriam na Western Eletric: técnicas, sociais e ideológicas. Este último tipo dizia respeito à cultura dos trabalhadores, às suas crenças compartilhadas e à compreensão do ambiente de trabalho.

No entanto, somente as pesquisas iniciadas após a década de 1950 possibilitaram os estudos sobre a cultura organizacional como conhecemos atualmente. Aquelas pesquisas apresentavam características muito mais descritivas e comparativas do que prescritivas e normativas. Em 1952, Elliot Jaques publicou *The Changing Culture of a Factory*, no qual já fazia uso do termo cultura em um contexto organizacional. Entre os principais estudos destaca-se o de Joan Woodward, com início em 1953 na Universidade de Londres, que, com base em alguns pesquisadores,[17] investigou aspectos referentes a níveis de autoridade, amplitude de controle, quantidade e métodos de comunicação e divisão de funções, encontrando uma variedade muito grande em cada um dos itens pesquisados. Outros pesquisadores relevantes daquela época foram Tom Burns e George Stalker, que estudaram os arranjos estruturais.[18] Das discussões daquela época extraiu-se a ideia de que as exigências do ambiente moldam a organização. Essa noção de relatividade dos conceitos administrativos é claramente estudada pelos pesquisadores que se dedicam à cultura organizacional.

A cultura organizacional foi também estudada com uma abordagem prescritiva, típica das teorias do Desenvolvimento Organizacional,[19] normatizando e prescrevendo a cultura que levaria as organizações ao sucesso, ao passo que outros pesquisadores adotaram uma postura mais próxima da abordagem contingencialista da administração.[20]

Um dos primeiros textos no campo da cultura organizacional foi o de Roger Harrison,[21] que propôs um modelo com quatro ideologias organiza-

---

17. MOURÃO, L.; MOTTA, F.C. P. e VASCONCELOS, I.F.F.G. de. *Teoria Geral da Administração*. São Paulo: Pioneira Thomson Learning, 2002.
18. MORGAN, G. *Imagens da Organização*. São Paulo: Atlas, 1996:53.
19. OUCHI, W. *Teoria Z: como as empresas podem enfrentar o desafio japonês*. 4ª ed. São Paulo: Fundo Educativo Brasileiro, 1982.
20. HOFSTEDE, G. *Culturas e organizações: compreender a nossa programação mental*. Lisboa: Edições Silabo, 1991.
21. HARRISON, R. "Understanding Your Organization's Character". *Harvard Business Review*, 1972.

cionais.[22] Charles Handy[23] adaptou a tipologia de ideologias organizacionais de Harrison adotando o termo cultura em vez de ideologia (veja mais detalhes no Capítulo 8).

Em 1982, Edgar Schein[24] publicou o livro *Organizational Culture and Leadership*, em que descreveu, com muita riqueza de detalhes, a importância da cultura organizacional e o papel da liderança na sua formação.

Por consequência, em 1983, o tema cultura organizacional entrou tão em evidência que duas importantes revistas científicas americanas, *Administrative Science Quaterly* e *Organizational Dynamics*, dedicaram números especiais a ele.[25] Entre os autores publicados naqueles periódicos destaca-se Linda Smircich,[26] que ordenou o tema de forma conceitual e metodológica. Em 1983, Henry Mintzberg também publicou *Power in Around Organizations*, apresentando uma tipologia que destacava as organizações missionárias como aquelas dotadas de culturas ricas em valores e que promovem excelência em suas operações.[27]

Definição de cultura organizacional

As definições mais utilizadas pelos autores sobre o termo cultura organizacional apresentam diversos significados em comum, como costumes, valores, crenças e modo de agir, entre outros.

Outros autores definem a cultura "como as filosofias, ideologias, pressupostos, expectativas, atitudes e normas compartilhados, que mantêm a comunidade unida".[28]

---

22. HANDY, C.B. *Como Compreender as Organizações*. Rio de Janeiro: Zahar, 1978.
23. HANDY, C.B. (1978), op. cit.
24. SCHEIN, E.H. (1992:52) op. cit.
25. FREITAS, M.E. de. *Cultura organizacional: formação, tipologias e impactos*. São Paulo: Makron, 1991.
26. SMIRCICH, L. "Concepts of culture and organizational analysis". Administrative Science Quarterly, vol. 28, n. 3, 1983.
27. MINTZBERG, H. "Ideologia e a Organização Missionária". In: MINTZBERG, H. e QUINN, J.B. *O processo da estratégia*. 3ª ed. Porto Alegre: Bookman, 2001, pp. 175-180.
28. KILMANN, R.H.; SAXTON, M.J. e SERPA, R. "Five key issues in understanding and changing culture". In: _____*Gaining Control of the Corporate Culture*. San Francisco: Jossey-Bass, 1985:5.

Os valores têm sido destacados como fatores que exercem forte influência sobre a maneira como são conduzidos o trabalho e os negócios.[29] Além disso, os valores são descritos como invisíveis para os componentes das organizações, mas exercem grande impacto sobre seus pensamentos e ações.

Schein apresenta o seguinte conceito de cultura organizacional:

"Cultura organizacional é um padrão de pressupostos básicos compartilhados que um grupo aprendeu ao resolver seus problemas de adaptação externa e integração interna e que funcionou bem o suficiente para ser considerado válido e ensinado a novos membros como a forma correta de perceber, pensar e sentir com relação a esses problemas."[30]

O padrão de pressupostos básicos diz respeito aos valores que regem o comportamento. Esses valores vão sendo internalizados e se tornando inconscientes a ponto de passarem a ser considerados naturais. O conceito mostra, também, que a cultura é coletiva, pois é compartilhada por um grupo, surgindo da vida prática, na resposta aos problemas específicos encontrados.

Para Schein a cultura é representada pelos valores que são aprendidos em conjunto, compartilhados e tidos como corretos à medida que a organização continua a ter sucesso.[31] A abordagem apresentada por Schein demonstra que os valores que compõem o núcleo da cultura organizacional (certezas tácitas) muitas vezes são desconhecidos pelos membros da organização, dificultando que essa cultura seja decifrada. A relevância de decifrar os padrões culturais consiste no fato de que eles podem ajudar a prever ou explicar comportamentos.

A cultura organizacional é entendida também como um conjunto de valores compartilhados entre os membros da organização.[32] Similarmente, a cultura organizacional é definida como "uma configuração única de normas,

---

29. LORSCH, J.W. (1985) apud GORDON, G.G. e DITOMASO, N. "Predicting Corporate Performance from Organizational Culture". *Journal of Management Studies*, vol. 29, n. 6, 1992, pp. 783-797.

30. SCHEIN, E.H. (1992:52), op. cit.

31. SCHEIN, E.H. *Guia de sobrevivência da cultura corporativa*. Rio de Janeiro: José Olympio, 2001:35.

32. CHATMAN, J.A. e JEHN, K. (1994), op. cit.

valores, crenças e comportamentos que caracterizam a maneira como os grupos e os indivíduos combinam para realizar as coisas".[33] Os valores organizacionais representam mais do que somente um dos componentes da cultura organizacional. Constituem o elemento central ao redor do qual outros elementos organizacionais evoluem.

A cultura organizacional pode ser definida, portanto, como um sistema bem desenvolvido e profundamente enraizado de valores que estimula, quando adequadamente gerenciado, os membros da organização a produzirem mais esforço, mais criatividade e melhor desempenho organizacional.[34] A cultura organizacional representada pelos valores compartilhados entre os membros da organização provê, para esta última, uma identidade.[35]

Gareth Morgan[36] apresenta a cultura organizacional em níveis, de modo que a parte externa, a mais visível, pode ser comparada à parte superior de um *iceberg*, isto é, trata-se da menor parte da cultura organizacional. A parte submersa representa, por sua vez, os valores compartilhados.

Assim, a cultura organizacional pode ser pensada em dois níveis, como um *iceberg*: no nível mais profundo e menos visível (abaixo da linha-d'água), a cultura é composta por um conjunto de valores, compartilhados pelas pessoas em um grupo e que tendem a persistir no tempo, mesmo quando mudam os membros do grupo.[37] No nível mais visível (acima da linha-d'água), a cultura representa os padrões de comportamento que os empregados, de forma automática, incentivam os novos colegas a seguir.

33. ELDRIDGE, J. e CROMBIE, A. *Sociology of Organizations*. London: George Allen and Unwin, 1974:89.
34. MINTZBERG, H. e QUINN, J. *The Strategy Process: Concepts, Contexts, Cases*. 2ª ed., Prentice-Hall, 1991.
35. CHATMAN, J.A. e JEHN, K. (1994), op. cit.
36. MORGAN, G. (1996), op. cit.
37. KOTTER, J.P. e HESKETT, J.L. (1994), op. cit.

Corroborando, Andrew Pettigrew[38] expressa que "a cultura organizacional é um fenômeno que existe numa variedade de níveis diferentes".[39] Segundo o autor, "no nível mais profundo, a cultura é pensada como um conjunto complexo de valores, crenças e pressupostos que definem os modos pelos quais uma empresa conduz seus negócios". Esses pressupostos e crenças são apresentados externamente por meio de "estruturas, sistemas, símbolos, mitos e padrões de recompensas dentro da organização".

Nessa mesma linha de pensamento, Fons Trompenaars[40] exemplifica que a cultura é como uma cebola, cheia de camadas. Para entendê-la, é necessário descascá-la, uma camada de cada vez. 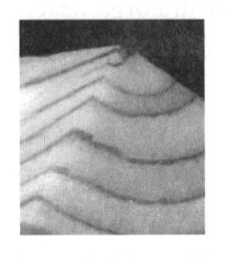  Segundo Trompenaars, nos níveis externos da cebola cultural encontram-se os aspectos visíveis da cultura. Os valores representam as camadas internas e são mais difíceis de identificar. Da mesma forma, Geert Hofstede[41] também utiliza a metáfora da cebola para exemplificar os níveis da cultura organizacional: símbolos, heróis e rituais presentes nas camadas mais superficiais da cebola, e os valores que representam o núcleo da cebola.

Assim, a cultura organizacional pode ser definida como "o padrão dos valores e crenças compartilhados, que ajuda o indivíduo a compreender o funcionamento organizacional e fornece normas para o comportamento nas organizações".[42] Corresponde à estrutura mais profunda das organizações, enraizada pelos valores compartilhados pelos seus membros.[43]

Resumindo, a cultura organizacional pode ser considerada um padrão referencial em que todos na organização podem apoiar-se para que se posicionem diante de determinadas situações. Quando a maioria dos membros de

---

38. PETTIGREW, A.M. "A Cultura das Organizações é Administrável?". In: FLEURY, M.T.L. e FISCHER, R.M. (org). *Cultura e Poder nas Organizações*. 2ª ed. São Paulo: Atlas, 1996.
39. PETTIGREW, A.M. (1996:146), op. cit.
40. TROMPENAARS, F. *Nas ondas da cultura: como entender a diversidade cultural nos negócios*. São Paulo: Educator, 1994.
41. HOFSTEDE, G. (1991), op. cit.
42. LEE, J. e KIM, Y. (1999:38), op. cit.
43. DENISON, D.R. "What is the difference between organizational culture and organizational climate? A native's point of view on a decade of paradigm wars". *Academy of Management Review*, vol. 21, n. 3, 1996, pp. 619-654.

uma organização age de acordo com a cultura dominante, verifica-se o que se pode chamar de identidade organizacional, que diferencia uma organização com relação às outras.

A importância da cultura organizacional

Conhecer a cultura organizacional é essencial para a gestão empresarial de alto desempenho, haja vista que a estratégia, os objetivos estratégicos, assim como a forma de gestão da empresa e o comportamento dos colaboradores são influenciados pelo perfil cultural.[44] Para Schein "se quisermos tornar uma organização mais eficiente e eficaz, deveremos entender o papel da cultura na vida organizacional".[45] Alguns autores[46] consideram que a cultura organizacional exerce influência significativa no comportamento, na missão e nas metas organizacionais que a ela precisam estar alinhados. Assim, a cultura organizacional conduz a empresa para uma direção, correta ou não. Nesse sentido, a cultura é essencial porque dá consistência à organização e aos seus colaboradores, provê ordem e estrutura para o desenvolvimento das atividades e estabelece o padrão de como as pessoas se relacionam,[47] entre elas e com a organização.

Modelos de diagnóstico da cultura organizacional

A identificação da cultura organizacional e a sua compreensão são ações complexas. Um método científico apropriado, frequentemente usado para a análise e a identificação da cultura organizacional, é a construção de modelos. A finalidade de construir modelos (teóricos e empíricos) é poder classificar, esclarecer e definir as características típicas de um fenômeno pesquisado.[48]

---

44. SCHEIN, E. (2001), op. cit.
45. SCHEIN, E. (2001:30), op. cit.
46. KILMANN, R.H. et al. (1985), op. cit.
47. SCHNEIDER, W.E. *Uma alternativa à reengenharia: um plano para fazer a cultura atual da sua empresa funcionar*. Rio de Janeiro: Record, 1996:29.
48. LUKÁSOVÁ, R.; FRANKOVÁ, E. e SURYNEK, A. "Organizational culture of Czech manufacturing companies: An empirical typology". *Journal for East European Management Studies*, vol. 11, n. 4, 2006, pp. 349-472.

Os modelos para diagnóstico da cultura organizacional têm importância prática porque permitem comparar a cultura organizacional[49] das empresas.

Muitos modelos foram publicados nos últimos 20 anos[50] e aplicados em diversas pesquisas. Os principais modelos encontrados na bibliografia consultada estão apresentados na Parte III. Veja mais adiante um modelo de diagnóstico da cultura organizacional que tenho utilizado em pesquisas acadêmicas.

A escolha de um modelo de diagnóstico

Os modelos de diagnóstico da cultura organizacional apresentam incidência recorrente de alguns temas, como a pessoalidade, o controle, a hierarquia, o foco temporal e o foco no ambiente das organizações.

Quando os modelos abordam as questões de controle e hierarquia, voltam a tratar de temas muito explorados no início dos estudos organizacionais, visto que os teóricos pioneiros da administração já abordavam o controle, a hierarquia e a burocratização das organizações. Contrariamente, os modelos atuais de análise cultural abordam a questão com um enfoque pós-sistêmico e contingencial, isto é, não definem como deve ser a atuação das organizações, mas proporcionam meios para uma análise considerando o ambiente e a situação, além do indivíduo e do ciclo de vida envolvidos em cada caso.

Entendendo a cultura organizacional como um conjunto de valores compartilhados entre os membros da organização[51] e sabendo que existem diversas alternativas para conceituá-la, neste livro ela é diagnosticada com o uso dos valores organizacionais, tendo em vista diversos estudos realizados e a compreensão de que os valores organizacionais e pessoais direcionam efetivamente os comportamentos das pessoas.

---

49. BUNDERSON, J.S.; LOFSTROM, S.M. e VAN DE VEN, A.H. "Conceptualizing and Measuring Professional and Administrative Models of Organizing". *Organizational Research Methods*, vol. 3, n. 4, 2000, pp. 366-391.
50. LUKÁSOVÁ, R.; FRANKOVÁ, E. e SURYNEK, A. (2006), op. cit.
51. HOWARD, L.W. "Validating the Competing Values Model as a Representation of Organizational Cultures". *The International Journal of Organizational Analysis*, vol. 6, n. 3, 1998, pp. 231-250.

O modelo de diagnóstico da cultura organizacional utilizado neste livro para identificar os valores organizacionais, denominado Organizational Culture Profile (OCP), foi desenvolvido numa versão revisada por James Sarros e outros autores.[52] O OCP, entre os existentes, é o que apresenta maior aplicabilidade, visto sua abrangência, pois explícita ou implicitamente abrange maior número de dimensões organizacionais do que outros, e sua aplicação é mais prática pela clara distinção dos valores organizacionais.

A importância do modelo

O Organizational Culture Profile (OCP) revisado por Sarros é aquele que tenho utilizado em minhas pesquisas, porque representa um dos modelos mais completos para diagnosticar a cultura organizacional.[53] De acordo com pesquisas [54] publicadas entre 1975 e 1992, que revisaram diversos modelos de diagnóstico da cultura organizacional, o OCP revisado é um dos poucos instrumentos a fornecer detalhes referentes à confiabilidade e validade[55] (veja Capítulo 5 para mais detalhes).

Além disso, o OCP original é generalizável para uma grande quantidade de organizações heterogêneas e aplicável a qualquer organização e segmento industrial.

---

52. SARROS. J.C.; GRAY, J.; DENSTEN, I.L. e COOPER, B. "The Organizational Culture Profile Revisited and Revised: An Australian Perspective". *Australian Journal of Management*, vol. 30, n. 1, 2005, pp. 159-182.

53. AGLE, B.R. e CALDWELL, C.B. "Understanding Research on Values in Business: a level of analysis framework". *Business & Society*, vol. 38, n. 3, 1999, pp. 326-987.

54. ASKANSASY, N.M.; BROADFOOT, L.E. e FALKUS, S. Questionnaire measures of organizational culture. Handbook of Organisational Culture and Climate. Thousand Oaks: Sage, pp. 1-18, 2000. apud IGO, T. e SKITMORE, M. Diagnosing the Organizational Culture of an Australian Engineering Consultancy Using the Competing Values Framework. Construction Innovation, vol. 6, 2006, pp. 121-139.

55. Validade reflete até quanto uma medida descreve o que se propõe a medir. Para mais informações, veja: BABBIE, E. *The Practice of Social Research*. 10ª ed. Belmont California: Thomson/ Wadsworth Learning, 2004.

O modelo OCP original

Originalmente, o modelo Organizational Culture Profile (OCP) foi desenvolvido por Charles O'Reilly, Jennifer Chatman e David Caldwell para examinar o alinhamento entre os valores individuais e organizacionais[56] e para confirmar a importância do ajuste da pessoa à organização no recrutamento e na seleção de pessoal.[57] Tal foco sugere que os valores agrupados (fatores) do OCP original refletiriam um padrão de relacionamentos entre eles,[58] com base em interesses individuais (por exemplo, apoio, ênfase no reconhecimento, orientação para equipes, decisão) e organizacionais (por exemplo, inovação, atenção a detalhes, orientação para resultados, agressividade).

Os valores organizacionais do OCP original surgiram inicialmente de um consenso realizado por acadêmicos e escritores especialistas em valores e cultura organizacional. Em seguida, 38 chefes de departamento de escolas de negócio e todos os professores de quatro universidades de negócios dos Estados Unidos verificaram a existência de redundância, irrelevância e dificuldade de compreensão num conjunto inicial de 110 valores organizacionais. Após diversas interações, um conjunto final de 54 valores organizacionais foi testado cientificamente.[59]

A versão do OCP original foi desenvolvida usando a análise de fator exploratória para estabelecer oito fatores da cultura organizacional: inovação, atenção ao detalhe, orientação para resultado, agressividade, apoio, ênfase em recompensas, orientação da equipe e decisão. Os fatores do OCP original foram nomeados de forma que combinassem melhor com as descrições na literatura de cultura e valores organizacionais daquele tempo e que eram fáceis de compreender.

A versão do OCP original usou a técnica Q-sort (veja mais detalhes no Capítulo 5) para a coleta dos dados,[60] buscando identificar os valores que caracterizavam as empresas pesquisadas e o alinhamento dos respondentes para

---

56. O'REILLY, C. et al. (1991), op. cit.
57. CABLE D.M. e PARSONS, C.K. "Socialization Tactics and Person-organization Fit". *Personnel Psychology*, vol. 54, 2001, pp.1-23.
58. Do inglês, *Within them.*
59. O'REILLY, C. et al. (1991), op. cit.
60. BLOCK, J. *The Q-sort Method in Personality Assessment and Psychiatric Research*. Palo Alto: Consulting Psychologists Press, 1978.

aquela configuração particular de valores. A técnica Q-sort tem sido utilizada na compreensão de que não há nenhuma maneira melhor de compreender os significados compartilhados da cultura organizacional do que explorando as estruturas conceituais e os significados subjetivos e subjacentes dessa cultura.

Para alguns autores[61] que também aplicaram o OCP original, suas dimensões são semelhantes às apresentadas por Hofstede (veja o Capítulo 8).

Daniel Cable e Timothy Judge[62] foram os primeiros a reduzir o número de valores do OCP original de 54 para 40. Um estudo-piloto realizado pelos autores com candidatos a vagas de emprego sugeriu que vários valores eram muito similares para a tarefa de descrever as organizações. Para reduzir o número de valores do OCP original, os pesquisadores solicitaram a 10 especialistas organizacionais que agrupassem os valores semelhantes e separassem todos aqueles que fossem exclusivos. Cada pesquisador removeu pelo menos 15 valores que consideraram semelhantes, mas somente os valores que todos os pesquisadores definiram como semelhantes foram eliminados. Assim, após a eliminação da lista de 54 valores daqueles considerados semelhantes por todos os pesquisadores, o quantitativo reduziu-se para 40, os quais foram testados cientificamente para validar o novo conjunto de valores.

O modelo OCP revisado

Sarros[63] testou os 54 valores[64] organizacionais de O'Reilly e verificou que muitos deles eram redundantes[65] – assim como identificado por Cable e Judge –, produzindo resultados inadequados, sendo, portanto, excluídos. Todos os cálculos foram validados, não apresentando diferença significativa entre as subamostras aleatórias selecionadas, resultando numa versão do OCP revisado com 28 valores organizacionais que foram agrupados em sete fatores (Quadro 1.1).

---

61. CHATMAN, J.A. e JEHN, K. (1994), op. cit.
62. CABLE D.M. e JUDGE, T.A. "Person-organization Fit, Job Choice Decisions, and Organizational Entry". *Organizational Behavior and Human Decision Processes*, vol. 67, n. 3, 1996, pp. 294-311.
63. SARROS, J.C et al. (2005), op. cit.
64. O'REILLY, C. et al. (1991), op. cit.
65. Ou apresentaram baixo alfa de Crombach.

Quadro 1.1   OCP Revisado – Dimensões e Valores

FATORES	VALORES
Competitividade	• Foco na realização • Ênfase em qualidade • Distinção – ser diferente das outras empresas • Ser competitiva
Responsabilidade Social	• Ser reflexiva/cautelosa sobre suas ações • Boa reputação • Ser socialmente responsável • Clara filosofia de orientação
Apoio	• Foco em equipes • Compartilha informações livremente • Foco em pessoas • Colaboração
Inovação	• Inovação • Rapidez em obter vantagem das oportunidades • Correr riscos/ousar • Assumir responsabilidade individual
Reconhecimento	• Justiça • Oportunidade para crescimento profissional • Maior remuneração para alto desempenho • Reconhecimento para alto desempenho
Desempenho	• Expectativa por desempenho • Entusiasmo para o trabalho • Foco em resultados • Ser muito organizada
Estabilidade	• Estabilidade/constância • Ser calma • Garantia de emprego • Baixo conflito

Dos 28 valores organizacionais apresentados no Quadro 1.1, somente dois valores não estão contemplados na lista de Cable e Judge: baixo conflito e colaboração. Entretanto, estão contemplados na lista de O'Reilly.

Os autores desenvolveram um novo modelo OCP revisado com o objetivo de poder utilizá-lo com grandes amostras, em virtude de o OCP original requerer a participação de um facilitador junto aos respondentes, em função do uso da técnica Q-sort. Os autores aplicaram os valores organizacionais utilizando como instrumento de pesquisa o questionário com a escala de Rensis Likert.

Com a permissão da American Psychological Association e do professor O'Reilly, buscando superar a limitação imposta pela técnica Q-sort, James Sarros e seus coautores desenvolveram a versão revisada do OCP. Mais recentemente, Sarros autorizou-me a utilizar o modelo de diagnóstico de cultura por ele reduzido e testado.

No entanto, em razão da subjetividade da cultura organizacional, o dignóstico em uma única organização pode provocar erros de interpretação com o uso da escala de Likert. Buscando minimizar qualquer viés na interpretação, passei a aplicar os valores validados de Sarros com o uso da técnica Q-sort e a análise com a Metodologia-Q (veja mais detalhes no Capítulo 5). Dessa maneira, a consistência dos resultados inibe os erros de interpretação no diagnóstico da cultura organizacional.

CAPÍTULO 2

Valores organizacionais

V alores estão entre os poucos conceitos sociopsicológicos que têm sido adotados com sucesso por quase todas as disciplinas das ciências sociais e de gestão e têm sido definidos como crenças organizacionais generalizáveis e duradouras sobre o desejo pessoal e social de modos de conduta.[1] Os valores são a base para a geração de comportamentos que se adequam às necessidades dos grupos, nos quais diferentes valores têm graus de importância diferenciados para cada indivíduo.[2] Nesse sentido, os valores têm uma natureza geral e aplicável a vários níveis, como nações, grupos e indivíduos. Por isso, os valores existem em redes organizadas e servem como guia regulatório, especificando, por exemplo, modos de comportamento que são socialmente aceitos. Assim, os valores são importantes conceitos para entender e prever as reações afetivas e o desempenho individual no trabalho. Nesse sentido, os valores, quando compartilhados entre os membros das organizações, compõem a base da cultura organizacional.

Não obstante, é possível e importante fazer uma distinção entre valores individuais e organizacionais.[3] Os valores individuais são aqueles implícitos a

---

1. KLENKE, K. "Corporate values as multi-level, multi-domain antecedents of leader behaviors". *International Journal of Manpower*, vol. 26, n. 1, 2005, pp. 50-68.

2. KLENKE, K. (2005), op. cit.

3. KABANOFF, B. e DALY, J. "Espoused values of organizations". *Australian Journal of Management*, vol. 27, 2002, pp. 89-97.

cada indivíduo, e os organizacionais correspondem àqueles compartilhados[4] entre os membros de uma organização. Estes últimos, em alguns casos, podem refletir as práticas organizacionais e, em muitos ou em todos os casos, revelam o que as pessoas acreditam que a organização é, o que gostariam que a organização fosse ou o que gostariam que os acionistas acreditassem que a organização poderia ser.

Embora os valores organizacionais sejam conceituados de várias maneiras, há determinadas qualidades que são comuns entre as definições existentes,[5] como as apresentadas no box "Características Conceituais dos Valores Organizacionais".

Características Conceituais dos Valores Organizacionais

- São construções latentes envolvidas na avaliação de atividades ou resultados. Têm uma natureza mais geral do que específica.
- Podem ser aplicados em múltiplos níveis.
- São duradouros e transcendem situações específicas.
- Proveem senso de propósito para o comportamento individual.
- São a base para a geração de comportamentos adequados às necessidades dos grupos.

Os valores têm sido tradicionalmente assunto de interesse e análise de várias disciplinas.[6] Os valores foram enfatizados por antropólogos como sendo o núcleo da cultura. Os sociólogos ressaltaram sua natureza normativa e especificidade de serem compartilhados pela sociedade e pelos integrantes das organizações. Os psicólogos estudaram os valores associados ao seu papel como determinantes do comportamento individual. A literatura organizacional e, particularmente, a comportamental enfatizaram a importância dos valores como uma base para os membros das organizações compreenderem o mundo em torno deles e agirem.

---

4. Do inglês, *Spoused values*
5. KLENKE, K. (2005), op. cit.
6. MICHAILOVA, S. e HUTCHINGS, K. "National Cultural Influences on Knowledge Sharing: A Comparison of China and Russia". *Journal of Management Studies*, vol. 43, n. 3, 2006, pp.383-405.

A importância dos valores organizacionais na literatura organizacional tem sido demonstrada em muitos clássicos: em 1933, *Os Problemas Humanos de uma Civilização Industrial*, de Elton Mayo; em 1960, *O Lado Humano da Gerência*, de Douglas McGregor; em 1961, *Novos Padrões de Gerenciamento*, de Rensis Likert; e, em 1964, *Integrando o Indivíduo e a Organização*, de Chris Argyris.

Os valores organizacionais também foram definidos "como princípios ou crenças, organizados hierarquicamente, relativos a estados de existência ou a modelos de comportamentos desejáveis que orientam a vida da empresa".[7] Assim, valores são considerados influenciadores substanciais em respostas comportamentais dos indivíduos.[8] Valores organizacionais referem-se à oposição entre o que é principal e o que é secundário na organização, entre o que é desejável e indesejável.[9] Expressam opções da organização por determinadas estratégias, condutas ou metas organizacionais. Os valores guiam e orientam a vida das organizações, apesar de nem sempre serem explicitados claramente como as normas e de não terem força imperativa explícita. Revelam uma espécie de modelo mental que o empregado tem da organização. Para alguns autores,[10] valores constituem o núcleo da cultura e são os valores compartilhados que definem o caráter fundamental da organização, aquilo que diferencia umas das outras.

Valores organizacionais não são os valores pessoais dos indivíduos, mas constituem os valores das pessoas no que se refere ao funcionamento da organização; dizem respeito ao que um grupo dominante considera ideal, aos princípios que devem orientar as ações organizacionais, na perspectiva desse grupo.

O sistema de valores existente em uma organização forma a pedra fundamental da cultura organizacional, produzindo senso de direção para todos e

7. TAMAYO, A.; MENDES, A. M. e PAZ, M.G.T. "Inventário de Valores Organizacionais". *Estudos de Psicologia*, vol. 5, n. 2, pp. 289-315, 2000:293.

8. MEGLINO, B.M. e RAVLIN, E.C. "Individual values in organizations: concepts, controversies and research". *Journal of Management*, vol. 24, n. 3, 1998, pp. 295-330.

9. TAMAYO, A. e BORGES, L. "Valores del Trabalho e Valores de las Organizaciones". In: ROS, M. e GOUVEIA, V.V. *Psicologia Social de los Valores Humanos: Desarrolos Teóricos, Metodológicos y Aplicados*. Madri: Biblioteca Nueva, 2000.

10. DEAL, T.E. e KENNEDY, A.A. *Corporate Cultures: the Rites and Rituals of Corporate Life*. Reading, Mass.: Addison-Wesley, 1982.

guia para o comportamento diário dos membros.[11] Nesse sentido, valores são "perspectivas intrínsecas e duradouras do que é fundamentalmente certo ou errado".[12] Esse conceito expressa que os valores são julgamentos subjetivos que se transformam em comportamento.

Assim, valores são crenças duradouras que direcionam atitudes, julgamentos e comportamentos individuais[13], além da maneira como as pessoas devem se comportar.[14] Em virtude de os valores influenciarem o comportamento, é mais fácil predizer o comportamento do outro quando se compartilham valores semelhantes.[15] Do mesmo modo, as pessoas com valores semelhantes devem ter maior consenso sobre os comportamentos importantes no trabalho. Possuindo valores semelhantes, o conflito associado ao trabalho em conjunto deve ser reduzido e, dessa maneira, a satisfação, o desempenho e a comunicação aumentam.

Nesse sentido, "os valores são definições a respeito do que é importante para a organização atingir o sucesso".[16] Portanto, os valores representam a motivação tanto para a tomada de decisões como para a execução das ações.

A relevância dos valores é enorme, pois eles exercem grande influência na estruturação e no funcionamento das organizações.[17] Além disso, influenciam na escolha das questões prioritárias, na definição de qual informação será mais seriamente considerada, na delimitação das possibilidades de ascensão dos membros da organização, bem como na comunicação ao mundo externo sobre o que se pode esperar da organização, a qualidade, a inovação, enfim aquilo que possa apresentar vantagens competitivas.[18]

---

11. BHARGAVA, S. e MATHUR, R. "An empirical study on transforming 21st century organizations through values". In: 8th Bi-Annual Conference of the International Society for the Study of Work and Organizational Values, 2002. Proceedings of the 8th Bi-Annual Conference of the International Society for the Study of Work and Organizational Values, 2002.

12. JUDGE, T.A. e CABLE, D.M. "Applicant Personality, Organizational Culture, and Organization Attraction". *Personnel Psychology*, vol. 50, n. 2, pp. 359-394, 1997:360.

13. CHATMAN, J.A. "Improving International Organizational Research: a model of person-organization fit". *Academy of Management Review*, vol. 14, n. 3, 1989, pp. 333-349.

14. ADKINS, C.L.; RAVLIN, E.C. e MEGLINO, B.M. "Value congruence between co-workers and its relationship to work outcomes". *Group & Organization Management*, vol. 21, n. 4, 1996, pp. 439-460.

15. ADKINS, C.L.; RAVLIN, E.C. e MEGLINO, B.M. "Value congruence between co-workers and its relationship to work outcomes". *Group & Organization Management*, vol. 21, n. 4, 1996, pp. 439-460.

16. FREITAS, M.E. de. (1991:18), op. cit.

17. FREITAS, M.E. de. (1991), op. cit.

18. MINTZBERG, H. e QUINN, J. (2001), op. cit.

Os valores foram utilizados também para descrever similaridades entre organizações em termos de cultura organizacional.[19] Alguns estudos[20] verificaram a importância de compartilhar os valores porque permitem a criação de um espírito de grupo,[21] no qual o sentido de pertencer à mesma equipe pode promover a solução de conflitos e a confiança. Este é um argumento que se baseia na crença de que as culturas semelhantes podem promover o ajuste organizacional entre parceiros. As similaridades de cultura organizacional entre os parceiros podem conduzir ao desenvolvimento da confiança.[22] Considera-se o fato de que os parceiros em uma interação entendem que estão compartilhando os mesmos desafios resultantes de uma parceria.[23] Esta é a ideia subjacente que afirma que os valores compartilhados entre parceiros criam sinergias que nenhuma norma pode promover.[24]

O entendimento de valor como preferência permite inferir que os valores organizacionais são reafirmados em comportamentos eficazes, são internalizados gradativamente e passam a ser pressupostos subjacentes da cultura organizacional.[25]

Isso acaba ocorrendo pelo fato de que existe um forte relacionamento entre os valores organizacionais e o estilo de liderança, a tecnologia, a estrutura, a estratégia de crescimento, a ética e os processos de tomada de decisão e eficácia.[26] Além disso, é expresso que "a cultura impregna todas as práticas e constitui um conjunto preciso de representações mentais".[27] Dessa forma, os valores organizacionais refletem os mais profundos processos de pensamento e representam a verdadeira base da cultura, sendo exclusivos em cada organi-

---

19. JEMINSON, D.B. e SITKIN, S.B. "Corporate acquisitions: a process perspective". *The Academy of Journal Review*, vol. 11, n. 1, 1986, pp. 145-163.

20. DAS, T.K. e TENG, B.S. "Trust, control, and risk in strategic alliances: an integrated framework". *Organization Studies*, vol. 22, n. 2, 2001, pp. 251-283.

21. Do inglês: *Clan*

22. INKPEN, A.C. e CURRALL, S.C. "The nature, antecedents and consequences of joint venture trust". *Journal of International Management*, vol. 4, n. 1, 1998, pp. 1-20.

23. SILVA, S.C.L.C. "Empirical Test of the Trust-Performance Link in International Alliances Context". In: 32nd Conference EIBA, Suwiss, 2006. Disponível em CD-ROM.

24. SAKO, M. "Does Trust Improve Business Performance?". In: LANE, C. e BACKMANN, R. *Trust within and between organizations*. Oxford: Oxford University Press, pp. 88-117, 1998.

25. NOGUEIRA, E.E.S. e MACHADO-DA-SILVA, C.L. "Identidade Organizacional – a Importância dos Valores e Crenças: Estudo de Caso em uma Organização Extinta por Incorporação". In: ENANPAD, 2003, Atibaia (SP).

26. HOWARD, L.W. (1998), op. cit.

27. SROUR, R.H. *Poder, cultura e ética nas organizações*. Rio de Janeiro: Campus/Elsevier, 1998.

zação. Por isso, a partir do diagnóstico dos valores organizacionais, pode-se identificar e interpretar a cultura organizacional.[28]

As definições sobre cultura organizacional podem diferir em vários aspectos, mas tendem a um consenso com respeito ao fato de que os valores organizacionais constituem um importante componente da cultura organizacional.[29] Nesse sentido, valores organizacionais compõem os principais elementos de diagnóstico da cultura organizacional.[30]

Valores e desempenho organizacional

Em função do forte relacionamento existente entre os valores organizacionais e os diversos aspectos da vida organizacional, alguns pesquisadores têm buscado analisar a influência dos valores nas organizações. Algumas pesquisas nesta área têm procurado relacionar os valores organizacionais com o desempenho organizacional, apesar da falta de consenso sobre o indicador mais apropriado para medir o desempenho.[31] Entre os estudos realizados buscando correlacionar os valores organizacionais com o desempenho organizacional, são citados a seguir os sete mais significativos.

O primeiro[32] foi realizado com uma amostra por conveniência (veja mais detalhes no Capítulo 5) de 34 empresas, representando 25 setores industriais. Este estudo identificou que dois valores – organização do trabalho e tomada de decisão – correlacionam-se significativamente com o desempenho financeiro. Além disso, verificou que os valores organizacionais compartilhados, profundamente internalizados e socializados são indicadores de desempenho[33] no curto prazo, quando este é definido como Retorno sobre Ativos, Retorno sobre Investimento e Retorno de Vendas.

---

28. DAFT. R.L. *Organizações: teoria e projetos*. São Paulo: Editora Pioneira, 2000.
29. MICHAILOVA, S.; HUTCHINGS, K., 2006, op. cit.
30. CHATMAN, J.A. (1989), op. cit.
31. DENISON, D.R.; HAALAND, S. e GOELZER, P. "Corporate Culture and Organizational Effectiveness: Is Asia Different from the Rest of the World?". *Organizational Dynamics*, vol. 33, n. 1, 2004, pp. 98-109.
32. DENISON, D.R. "Corporate Culture and Organizational Culture and Effectiveness". *Organization Science*, vol. 6, n. 2, 1984, pp. 204-223.
33. CURRY, A e MOORE, C. "Assessing information culture: an exploratory model". *International Journal of Information Management*, vol. 23, n. 2, 2003, pp. 91-110.

O segundo,[34] utilizando como amostra o nível gerencial de 11 empresas de seguro americanas, confirmou que os valores organizacionais compartilhados, profundamente internalizados e socializados são indicadores de desempenho no curto prazo. Como desempenho os pesquisadores definiram o Ativo e as Taxas de Crescimento projetadas de cinco anos. Concluíram que a cultura, com ênfase no valor adaptabilidade, é indicador de desempenho no curto prazo.

Os resultados dessas pesquisas são importantes, pois introduzem o conceito de adequação aos estudos de cultura-desempenho. Ou seja, deve haver um alinhamento entre a cultura e o desempenho.

As hipóteses de congruência deram sustentação a outro estudo[35] com 207 empresas, em 22 setores industriais. Foi identificada uma correlação entre a cultura e o desempenho organizacional no curto prazo, mas que não era alta. Na primeira parte da pesquisa realizada, ocorreram casos de empresas com cultura forte[36] e baixo desempenho, assim como empresas com cultura fraca e desempenho excelente. Para aprofundar a análise, os pesquisadores selecionaram, da amostra inicial, um subgrupo de 22 empresas. Todas as empresas escolhidas tinham a cultura congruente, porém 12 apresentaram desempenho melhor. O resultado do estudo apontou que as 12 empresas possuíam uma cultura mais apropriada para o seu negócio.

O quarto estudo[37] verificou que as organizações com valores adaptativos estão fortemente associadas a um desempenho superior durante longo período, comparado com um desempenho de curto prazo. Nesse caso, o valor adaptação contribui para a determinação do desempenho organizacional.

Num quinto estudo[38] com 34 empresas, verificou-se que a cultura pode ser estudada como parte integral do processo de adaptação da organização

---

34. GORDON, G.G.; DITOMASO, N. "Predicting Corporate Performance from Organizational Culture". *Journal of Management Studies*, vol. 29, n. 6, 1992, pp. 783-797.

35. KOTTER, J.P. e HESKETT, J.L. (1994), op. cit.

36. As culturas fortes, definidas como um sistema bem desenvolvido e profundamente enraizado de valores, foram identificadas por produzirem sinergia, que, por sua vez, estimula os membros da organização a produzirem mais esforço, mais criatividade e melhor desempenho organizacional (Mintzberg; Quinn, 1991), op. cit.

37. KOTTER, J.P. e HESKETT, J.L. (1994), op. cit.

38. DENISON, D.R. e MISHRA, A.K. "Toward a Theory of Organizational Culture and Effectiveness". *Organization Science*, vol. 6, n. 2, 1995, pp. 204-223.

e que os valores organizacionais podem influenciar o desempenho, medido pelo Retorno sobre Investimento.

O sexto estudo[39] verificou que o trabalho realizado por colaboradores que possuem valores semelhantes produz taxa de desempenho superior, devido ao aumento do relacionamento entre os colaboradores com valores semelhantes, pois aumenta a satisfação de ambos. Sugere a pesquisa que se esta conclusão é aplicada a colaboradores de trabalho deve ser, consequentemente, semelhante às relações de parceria entre organizações.

No sétimo e último estudo,[40] foi analisado o processo de adaptação aos serviços de telecomunicação em uma organização e as orientações de valores culturais. O estudo analisou a relação entre as preferências sobre a cultura organizacional e o uso dos meios de telecomunicação (fax, e-mail, voice mail e telefone). Valores culturais foram medidos em 223 indivíduos numa única empresa. Foram analisadas 799 comunicações internas. Os resultados indicaram que o uso de novos meios de comunicação esteve mais relacionado com a orientação para inovação, a reatividade e o empreendedorismo.

Estes estudos sugerem que os valores organizacionais podem influenciar o desempenho organizacional. A influência positiva ocorre quando os valores são compartilhados, profundamente internalizados, socializados e relevantes para a organização.[41]

39. ADKINS, C.L.; RAVLIN, E.C. e MEGLINO, B.M. "Value congruence between co-workers and its relationship to work outcomes". *Group & Organization Management*, vol. 21, n. 4, 1996, pp. 439-460.
40. ROWE, F. e STRUCK, D. "Cultural values, media richness and telecommunication use in an organization". *Accounting Management and Information Technologies*, vol. 9, 1999, pp. 161-192.
41. LEE, S.K.J.; YU, K. "Corporate Culture and Organizational Performance". *Journal of Managerial Psychology*, vol. 19, n. 4, 2004.

CAPÍTULO 3

Terceirização

A origem mais remota encontrada na literatura estabelece que a terceirização surgiu no século XII na Europa.[1] A terceirização, segundo descrito por David Landes em seu livro *The Wealth and Poverty of Nations*, é uma derivação das tentativas de se reduzir o controle dos artesãos nas cidades e usar a abundante e econômica mão de obra feminina e infantil disponível no campo.[2]

Por se tratar de um tema moderno, existem várias citações conceituando-o, dentre as quais destaco as mais significativas no box "Conceitos de Terceirização".

Conceitos de Terceirização[3]

- É a tendência de transferir para terceiros as atividades que não fazem parte do negócio principal da organização.
- É uma tendência moderna que consiste na concentração de esforços nas atividades essenciais, delegando para terceiros as complementares.
- É um processo de gestão pelo qual se repassam algumas atividades para terceiros – com os quais se estabelece uma relação de parceria –, ficando a organização concentrada apenas em tarefas essencialmente ligadas ao negócio em que atua.

---

1. JONES, R.W. e KIERZKOWSKI, H. "International Fragmentation and the New Economic Geography". *The North American Journal of Economics and Finance*, vol. 16, n. 1, 2005, pp. 1-10.
2. JONES, R.W. e KIERZKOWSKI, H. (2005), op. cit.
3. GIOSA, L.A. *Terceirização: uma abordagem estratégica*. 5ª ed. São Paulo: Pioneira, 1997.

Diante desses conceitos, não resta dúvida em relação à conceituação da terceirização, que, em outras palavras, é um processo de administração moderno, em que se transfere para terceiros atividades que não estão essencialmente ligadas à atividade principal da organização contratante.

Assim, a terceirização é o ato pelo qual a organização contratante, mediante contrato, entrega à contratada determinada tarefa – atividades ou serviços não incluídos nos fins sociais da organização contratante –, para que esta a realize habitualmente. A terceirização consiste "na contratação, por determinada organização, de serviços de terceiros, para suas atividades-meio".[4]

A descoberta de que novos paradigmas se incorporaram ao *modus vivendi* do mercado de trabalho fez as relações interorganizacionais "se conscientizarem das restrições impostas pela estrutura de negócios tradicional".[5] Isso levou as organizações a repensarem suas estruturas com o objetivo de reduzir a verticalização e a buscarem ajuda para a criação de valor, provocando um aumento na demanda por novas conexões corporativas na forma de terceirizações.

A forma como esses novos paradigmas foram cristalizados na prática foi sendo moldada ao longo dos anos e mostrou ser uma busca global, não restrita a determinados mercados ou localidades.

> Pelas experimentações espontâneas de novos modelos, ocorridas por pressões crescentes, foi possível observar que "a integração por uma rede de terceirizados, livremente escolhidos, se provou inerentemente mais rápida, mais precisa e capaz de transmitir informações mais úteis do que as disciplinas da hierarquia. Com a terceirização, as empresas transferem uma área desse processo de criação de valor, do controle burocrático para o controle do mercado, aumentando assim a inteligência do sistema."[6]

Libertando os recursos e os talentos pessoais das atividades não essenciais dentro das organizações, evitam-se desperdícios para os contratantes e permite-se aos terceiros o alcance da plenitude de suas competências.

---

4. LEIRIA, J.S. (1995:20), op. cit.

5. TREACY, Michael. *A disciplina dos líderes de mercado*. Rio de Janeiro: Rocco, 1995:234.

6. PINCHOT, G. *O poder das pessoas: como usar a inteligência de todos dentro da empresa para conquista de mercado*. Rio de Janeiro: Campus/Elsevier, 1994.

Uma vez compreendidas as transformações conjunturais que determinaram as mudanças nas relações organizacionais, nas quais o principal foco é a prática de se repassar para terceiros as atividades não essenciais à sua atividade-fim, a terceirização, assim denominada, passa a ter um contorno mais bem delineado de transferência de atividades para serem realizadas por terceiros.[7]

A concentração das organizações no que é estratégico aos seus negócios, transferindo de forma planejada parte de suas atividades, tem impacto direto em dois segmentos pertencentes ao seu organismo, que são o tecnológico e o comportamental.

A motivação pela terceirização tem sido explicada com base nos benefícios estratégico, econômico e tecnológico.[8] O benefício estratégico teve início principalmente na década de 1980, quando as organizações passaram a dar foco em sua atividade-fim, transferindo para terceiros todas as atividades-meio. O benefício econômico, talvez o mais apreciado, tem relevância quando a organização apresenta redução de custos em função de economia de escala com pessoas ou tecnologia e utilização de *know-how* (conhecimento) de terceiros, contratualmente acordado. O benefício tecnológico refere-se à possibilidade de a organização ter acesso à tecnologia de ponta, sem a necessidade de grandes investimentos e evitando o risco da obsolescência em função das mudanças constantes, principalmente na área de tecnologia.[9]

As pesquisas começaram a enfatizar a análise desses benefícios e relacioná-los com o sucesso (ou insucesso) da terceirização. O foco principal para esse fim foi a análise do processo, mais especificamente as várias etapas realizadas antes e após a implantação da terceirização. Alguns pesquisadores propuseram um modelo de processo que foi testado em várias organizações de tecnologia.[10] O modelo proposto tinha como objetivo analisar se as organizações possuíam um processo formal de terceirização. A primeira etapa desse modelo é a tomada de decisão para realizar a terceirização, em que a organização

---

7. PAGNONCELLI, D. *Terceirização e parceirização: estratégias para o sucesso empresarial*. Rio de Janeiro: D.Pagnoncelli, 1993.

8. GROVER, V.; CHEON, M. J. e TENG, J.T.C. "The Effect of Service Quality and Partnership on the Outsourcing of Information Systems Functions". *Journal of Management Information System*, vol. 12, n. 4, 1996, pp. 89-116.

9. LEE, J. e KIM, Y. "Information Systems Outsourcing Strategies for Affiliated Firms of the Korean Conglomerate Groups". *Journal of Strategic Information Systems*, vol. 6, 1997, pp. 203-229.

10. LEE, J. e KIM, Y. (1997), op. cit.

deve analisar as vantagens e desvantagens e os benefícios e riscos existentes. A última etapa avalia o desempenho do contrato, analisando os resultados da terceirização contra o que havia sido contratado. A análise dos processos de terceirização com mais ou menos etapas busca avaliar e comparar o contrato com o realizado, objetivando utilizar essa informação na perpetuação ou no cancelamento do contrato.

A pesquisa na área de organização concentrou-se no estudo dos benefícios e riscos da terceirização. Pelo desempenho buscaram identificar o sucesso ou insucesso da terceirização com base em indicadores como qualidade de serviços, redução de custos etc. Na terceira área de estudo, objetivaram analisar a decisão da terceirização. Como vimos no modelo de processo, esta área era o início do fluxo. Nesta área, os pesquisadores procuraram identificar fatores como: pessoas, economia, controle, organização e informações. A decisão incorreta poderia provocar muitos prejuízos para a organização. Na quarta área de estudo, buscaram entender a natureza dos contratos, que muitas vezes são altamente complexos em função da transferência de recursos e conhecimento. A última área de estudo refere-se aos relacionamentos. Ela representa o foco deste livro e constitui um segmento de estudo emergente.

Parceria interorganizacional

Os relacionamentos entre as empresas (contratantes e contratadas) demonstram que o conceito de parceria merece agora especial atenção, pois:

"Uma relação de parceria é aquela em que nenhuma das partes leva vantagem sobre a outra, mas ambas ganham o máximo disponível, repartindo-o numa irmandade, partindo do pressuposto de que as partes estão dispostas a buscar em conjunto uma solução que maximize o resultado de ambas, de que essa busca é um compromisso recíproco, de que cada parte não está preocupada apenas em resolver o seu problema, mas tem também a ver com o problema do outro."[11]

---

11. OLIVEIRA, M.A. (Coord.). *Terceirização: estruturas e processos em xeque nas empresas*. São Paulo: Nobel, 1994:50.

A escolha do prestador de serviços, potencialmente parceiro, afigura-se nesse contexto como crucial para o desafio de atingir os objetivos organizacionais estabelecidos e influenciar o desempenho organizacional.

O despertar dessa percepção leva a outra constatação: a elaboração de contratos mais completos e complexos não garante a boa relação entre o contratante e a contratada, pois a interação entre eles transcende o contrato formal. Existem elementos de confiança, comprometimento e interesse mútuo que são intangíveis e difíceis de serem contemplados no contrato. O relacionamento era visto simplesmente como um acordo que se buscava construir após a assinatura do contrato. No entanto, este tema é muito mais amplo e inclui a busca do sucesso em conjunto, num relacionamento contínuo. Relacionamentos baseados em contratos e enraizados na confiança mútua fortalecem o elo entre o contratante e o contratado.[12]

Para aprofundar o estudo sobre os relacionamentos na terceirização, diversos autores[13] fundamentaram seus estudos nas teorias sociais, como: Social Exchange Theory e Power Political Theory. Essas teorias também foram utilizadas para o entendimento da continuidade do relacionamento nas terceirizações. Os autores buscaram entender o relacionamento como um processo dinâmico, realizado por interações sequenciais. Os modelos teóricos aplicados às pesquisas sobre terceirização têm demonstrado a transição que vem ocorrendo dos modelos estratégicos e econômicos para o modelo social. Essa mudança tem despertado o interesse dos pesquisadores em entender melhor o relacionamento entre cliente e fornecedor, pois a natureza dessa relação vem se modificando.[14]

Essa mudança direciona a terceirização para uma parceria.[15] Com isso, é possível perceber que um relacionamento fundamentado na perspectiva do contratante e do contratado é essencial para sustentar uma parceria de alta

---

12. LEE, J. e KIM, Y. Understanding Outsourcing Partnership: A comparison of three theoretical perspectives. IEEE Transactions on Engineering Management, vol. 52, n. 1, 2005.
13. HENDERSON, J.C. "Plugging into Strategic Partnership: The critical IS connection". *Sloan Management Review*, vol. 31, n. 3, 1990, pp. 7-18.
14. GROVER, V.; CHEON, M. J. e TENG, J.T.C. "The Effect of Service Quality and Partnership on the Outsourcing of Information Systems Functions". *Journal of Management Information System*, vol. 12, n. 4, 1996, pp. 89-116.
15. McFARLAN, F.W. e NOLAN, R.L. "How to Manage an IT Outsourcing Alliance". *Sloan Management Review*, vol. 36, n. 2, 1995, pp. 9-23.

qualidade ao longo do tempo. Para o sucesso desse relacionamento social é essencial a confiança entre as partes.[16]

Como mencionei, qualquer relacionamento de terceirização vai além das regras estabelecidas no contrato. Sempre existem elementos de confiança e mútuo interesse que são intangíveis e que não são facilmente especificados no contrato. O relacionamento fundamentado no contrato formal e na mútua confiança possibilita o estabelecimento de um forte vínculo entre o cliente e o fornecedor. Em outras palavras, os projetos requerem um equilíbrio entre a confiança e os controles.[17]

A parceria entre contratante e contratada possibilita criar uma sinergia competitiva que cada organização não poderia obter individualmente.[18] Cooperação e esforço conjunto são necessários para se obter objetivos comuns e conhecer os processos de cada parceiro. Essas ações promovem maior retorno dos investimentos feitos na terceirização, em nível de desempenho do negócio (estratégico, econômico e tecnológico) e satisfação do usuário (qualidade dos serviços).

Nesse sentido, percebe-se que, nas parcerias com culturas organizacionais semelhantes, existem maiores predisposições de se confiar nos parceiros.[19] Se os parceiros não tiverem cultura organizacional semelhante, seu relacionamento pode dificultar a criação de confiança entre eles e fornecer fundamentos para o seu fim. Consequentemente, a existência de um ajuste cultural entre os parceiros pode levar ao maior desempenho da parceria,[20] ou seja, há um aumento da confiança e do compromisso, assim como maior compartilhamento dos benefícios e riscos do negócio.

---

16. MORGAN, R.M. e HUNT, S.D. "The Commitment-trust Theory of Relationship Marketing". *Journal of Marketing*, vol. 58, n. 3, 1994, pp. 20-38.

17. SABHERWAL, R. "The Role of Trust in Outsourced IS Development Projects". *Communications of the ACM*, vol. 42, n. 2, 1999, pp. 80-86.

18. LEE, J. e KIM, Y. Understanding Outsourcing Partnership: A comparison of three theoretical perspectives. IEEE Transactions on Engineering Management, vol. 52, n. 1, 2005.

19. LEE, J. e KIM, Y. (1999), op. cit.

20. LEE, J. e KIM, Y. (1999), op. cit.

CAPÍTULO 4

Cultura, terceirização e desempenho organizacional

A concepção de cultura (valores compartilhados), como vimos, foi se tornando importante para compreender como as organizações funcionam. Schein mostra as contribuições deste campo de estudo para se pensar a organização de um modo sistêmico em vez de por meio de relações causais simples. Apesar desses avanços, faltava levar em conta que a cultura, vista como modos compartilhados de perceber, pensar e reagir, é uma das forças mais poderosas e estáveis operando nas organizações.

O cenário mundial atual obriga as organizações a transacionarem com diferentes culturas e a se adaptarem às constantes mudanças. O fracasso em atingir os objetivos propostos nas parcerias é muito alto, na ordem de 55%.[1] As estimativas de fracasso estão relacionadas em até 75%, por motivos atribuídos a problemas culturais.[2] A determinação do tipo de cultura organizacional mais adequada para uma relação de parceria contribui para a redução dos fracassos das terceirizações.

Outro aspecto importante que fornece embasamento para a pesquisa comparativa entre as organizações é que a cultura varia mais entre empresas do que dentro destas.[3] Isso reforça o conceito de que cada organização tem uma cultura única.

---

1. LEISEN, B. et al. (2002), op. cit.
2. LEISEN, B. et al. (2002), op. cit.
3. CHATMAN, J.A. e JEHN, K. (1994), op. cit.

A terceirização compreende um relacionamento contratual que reflete um comprometimento normalmente de longo prazo,[4] um senso de mútua cooperação e riscos e benefícios compartilhados.[5] Esse conceito de parceria fundamenta-se na premissa de que o desempenho pode ser significativamente incrementado por uma ação em conjunto, pois a motivação natural de benefício individual de curto prazo é afastada pela relação de longo prazo.

Terceirização e desempenho organizacional

No final da década de 1980, John Henderson[6] focou seus estudos na análise da criação de parcerias entre organizações como uma estratégia gerencial para melhorar o desempenho. Henderson realizou seu estudo na área de Tecnologia da Informação desenvolvendo um modelo de relacionamento denominado Partnership in Context (PIC) e Partnership in Action (PIA). O PIC expressa a crença na longevidade da parceria (benefícios mútuos, comprometimento e predisposição) e o PIA, a capacidade de melhorar o desempenho da parceria (conhecimento compartilhado, competências e recursos).

Posteriormente, foram feitos estudos[7] que realçaram a importância da qualidade da parceria no relacionamento de terceirização. Foi demonstrada a diferença entre os componentes da parceria e seus determinantes. Os estudos propuseram que as variáveis do processo de terceirização, como no modelo de Henderson, representam o grau de qualidade da parceria entre o contratante e a contratada. Além disso, foram identificados os determinantes das variáveis do processo de terceirização e sua influência no desempenho deste. Com base na Social Exchange Theory e na Power Political Theory, a confiança, o compartilhamento de riscos e benefícios e o comprometimento evidenciaram-se como as principais variáveis do processo de terceirização, que influenciam

---

4. ELMUTI, D. "The perceived impact of outsourcing on organizational performance". *Mid – American Journal of Business*, vol. 18, n. 2, 2003, pp. 33-41.

5. HENDERSON, J.C. (1990), op. cit.

6. HENDERSON, J.C. (1990:8), op. cit.

7. LEE, J. e KIM, Y. (1999), op. cit.

diretamente o desempenho da terceirização, ao passo que a dependência mútua, o compartilhamento de informação e a ação em conjunto destacaram-se como os principais determinantes das variáveis do processo de terceirização. Assim, pode-se entender que o sucesso é uma função da qualidade do relacionamento entre os parceiros.[8]

Desempenho = f (qualidade do relacionamento)

Mais recentemente, pesquisadores[9] buscaram verificar o relacionamento entre as variáveis determinantes da parceria e, também, a relação entre estas e o desempenho da terceirização. Como conclusão do estudo, os autores apontaram que o relacionamento entre as variáveis psicológicas e o desempenho da terceirização é relevante e importante para obter os benefícios da terceirização. Ou seja, entende-se que o desempenho da terceirização é uma função das variáveis psicológicas.

Desempenho = f (variáveis psicológicas)

Sob a ótica do negócio, a terceirização é motivada pela promessa de benefícios estratégicos, econômicos e tecnológicos (ver o box "Motivação da Terceirização"). O sucesso da terceirização deve, portanto, ser avaliado nos termos da obtenção desses benefícios.[10] Um maior número de benefícios pode conduzir a um relacionamento bem-sucedido da terceirização. Assim, o desempenho da terceirização pode ser visto como o nível da semelhança entre as exigências do cliente e os resultados da terceirização.[11]

---

8. IRELAND, R.D.; HITT, M.A. e VAIDYANATH, D. "Alliance Management as a Source of Competitive Advantage". *Journal of Management*, vol. 28, n. 2, 2002, pp. 413-446.

9. LEE, J. e KIM, Y. (2005), op. cit.

10. LEE, J. e KIM, Y. (1999), op. cit.

11. LEE, J. e KIM, Y. (1999), op. cit.

Motivação da Terceirização[12]

- **Benefícios Estratégicos**: referem-se à habilidade da organização de focar em seu negócio principal terceirizando atividades rotineiras.[13]
- **Benefícios Econômicos**: referem-se à habilidade da organização de usar seu conhecimento especializado e economia de escala de recursos humanos e tecnológicos do contratado e controlar sua estrutura do custo com contratos bem elaborados.
- **Benefícios Tecnológicos**: referem-se à habilidade da organização em ter acesso à tecnologia de ponta e evitar o risco da obsolescência tecnológica resultante de mudanças dinâmicas.

Além do grau de satisfação, existem outras formas de avaliar a terceirização.[14] Normalmente, são criados indicadores de desempenho da terceirização, de modo que os principais estão agrupados nas seguintes dimensões: estratégica, financeira e qualidade. Podem-se utilizar também indicadores como redução de custos e produtividade, objetivando medir a eficácia da estratégia de terceirização.

Em princípio, o grau de sucesso ou fracasso das estratégias de terceirização entre as organizações que possuem projetos de terceirização é percebido quando os benefícios gerados são maiores do que os custos de desenvolver os recursos e as competências necessárias internamente. Por outro lado, as organizações consideram seus projetos de terceirização malsucedidos quando os custos com a gestão entre os parceiros são maiores que os benefícios gerados pela terceirização. Essa conclusão é semelhante à dos estudos sobre o sucesso e fracasso das alianças.[15]

Entretanto, a mensuração do desempenho com o uso de indicadores é controversa, sendo o maior problema a escolha do indicador.[16] Por isso, o desempenho das parcerias deve ser analisado principalmente no longo prazo.[17] As parcerias não devem estar voltadas para objetivos financeiros, mas formadas

---

12. KIM, S. e CHUNG, Y. (2003), op. cit.

13. GROVER, V. et al. (1996), op. cit.

14. KOTABE (1998) apud ELMUTI, D. (2003), op. cit.

15. FOSTER, T.A. "Lessons Learned". *Logistic Management and Distribution Journal*, vol. 38, n. 4,1999, pp. 67-72.

16. GLAISTER, K.W. e BUCKLEY, P.J. "Measures of Performance in UK International Alliances". *Organization Studies*, vol. 19, n. 1, 1998, pp. 89-118.

17. ANDERSON, E. "Two Firms, one Frontier: on assessing joint venture performance". *Sloan Management Review*, vol. 31, n. 2, 1990, pp. 19-30.

para atender a um conjunto de motivos. Assim, a parceria pode ser vista como bem-sucedida a despeito dos resultados financeiros das organizações. Por isso, as parcerias podem ser avaliadas de forma mais subjetiva no longo prazo.

Uma constatação importante é que existe alta correlação entre as avaliações subjetiva e objetiva de desempenho.[18] Assim, uma forma de avaliação pode ser substituída pela outra.[19] Como é difícil identificar um indicador objetivo, a avaliação de percepção dos parceiros é considerada suficiente para fornecer resultados confiáveis para analisar o desempenho de uma parceria.[20]

Apesar da dificuldade de se definir o melhor indicador de desempenho para as terceirizações, é fato que "a diferença de cultura afeta as medidas subjetivas de desempenho"[21] e que o sucesso da parceria depende de aspectos como a cultura organizacional[22] e das ligações sociais e pessoais.[23]

Assim, as percepções do nível de satisfação dos parceiros são uma forma adequada de avaliar o desempenho da parceria. Essa decisão fundamenta-se no entendimento de que as avaliações por percepção gerencial e as avaliações objetivas sobre o desempenho correlacionam-se fortemente.[24] Dessa forma, avaliar as percepções dos gestores dos contratos e dos usuários dos serviços sobre o desempenho da parceria pode servir como um ótimo indicador para o desempenho atribuído à parceria.

Seguindo a linha mais utilizada e que tem apresentado um bom resultado em estudos[25] para medir o desempenho da parceria, tenho utilizado o

18. GERINGER, J. M. e HERBERT, L. "Control and performance of international joint ventures". *Journal of International Business Studies*, vol. 20, n. 2, 1989, pp. 235-254.

19. DELANEY, J.T. e HUSELID, M.A. "The impact of human resource management practices on perceptions of organizational performance". *Academy Management Journal*, vol. 39, 1996, pp. 949-969.

20. RAMASESHAN, B. e LOO, P.C. "Factors affecting a partner's perceived effectiveness of strategic business alliance: some Singaporean evidence". *International Business Review*, vol. 7, n. 4, 1998, pp. 443-458.

21. GLAISTER, K.W. e BUCKLEY, P.J. (1998:113), op. cit.

22. SANZO, M.J.; SANTOS, M.L.; VAZQUEZ, R. e ALVAREZ, L.I. "The effect of market orientation on buyer–seller relationship satisfaction". *Industrial Marketing Management*, vol. 32, n. 4, 2003, pp. 327-345.

23. WILLCOCKS, L. e KERN, T. "Exploring Information Technology Outsourcing Relationship: theory and practice". *The Journal of Strategic Information Systems*, vol. 9, n. 4, 2000, pp. 321-350.

24. MOHR, J.J. e SPEKMAN, R.E. "Perfecting partnerships". *Marketing Management*, v.4, n.4, p.34-43, 1996.

25. LEE, J.; MIRANDA, S.M. e KIM Y. "IT Outsourcing Strategies: Universalistic, Contingency, and Configurational Explanations of Success". *Information Systems Research*, vol. 15, n. 2, 2004.

questionário adaptado de Varun Grover,[26] o qual descreve que o sucesso da terceirização deve ser avaliado nos termos da realização de determinados benefícios.

O questionário adaptado de Grover é composto por 13 perguntas para mapear o sucesso da parceria (ver o Quadro 4.1). As questões buscam avaliar a percepção do contratante sobre a parceria.

O desempenho deve ser mensurado considerando-se a percepção do gestor do contratante e seus usuários quanto aos benefícios estratégicos, econômicos, tecnológicos e da parceria.

Independentemente de o alinhamento da cultura dos parceiros poder ou não garantir com precisão o sucesso da parceria, as organizações (contratante e contratada) com cultura semelhante têm um relacionamento mais longo.[27] As organizações têm mais probabilidade de sucesso quando os parceiros apresentam valores semelhantes. Nesse sentido, as assimetrias dos valores desestabilizam e as simetrias estabilizam a parceria.

26. GROVER, V. et al. (1996), op. cit.
27. HARRIGAN, K.R. "Strategic Alliances and Partner Asymmetries". *Management International Review*, vol. 28, Edição Especial, pp. 53-72, 1988:54.

Quadro 4.1 Questões para Avaliação do Desempenho[28] – Contratante

QUESTÕES	CATEGORIA
1. A empresa contratada tem contribuído para que a Empresa Contratante possa focar mais na sua atividade-fim.	Estratégica
2. A empresa contratada tem contribuído para que a Empresa Contratante aumente a sua competência (ou conhecimento) no serviço terceirizado.	Estratégica
3. A empresa contratada tem contribuído para que a Empresa Contratante aumente o acesso a profissionais especializados.	Estratégica
4. A empresa contratada tem contribuído para que a Empresa Contratante melhore a economia de escala em recursos humanos.	Econômica
5. A empresa contratada tem contribuído para que a Empresa Contratante melhore a economia de escala em recursos tecnológicos (ou técnicos).	Econômica
6. A empresa contratada tem contribuído para que a Empresa Contratante aumente o controle dos custos das despesas do serviço terceirizado.	Econômica
7. A empresa contratada tem contribuído para que a Empresa Contratante reduza o risco de obsolescência tecnológica (ou técnica).	Tecnológica
8. A empresa contratada tem contribuído para que a Empresa Contratante aumente o acesso a informações importantes (referentes à atividade terceirizada).	Tecnológica
9. A Empresa Contratante está satisfeita com os benefícios provenientes da terceirização realizada com a empresa contratada.	Satisfação
10. A empresa contratada permite à Empresa Contratante saber o mais rápido possível sobre qualquer problema decorrente da prestação do serviço.	Satisfação
11. O nível de confiança da Empresa Contratante no relacionamento de trabalho com a empresa contratada é muito alto.	Satisfação
12. A Empresa Contratante e a empresa contratada se ajudam mutuamente com referência a qualquer demanda (ou problema) que se apresente.	Satisfação
13. O relacionamento de trabalho da Empresa Contratante com a empresa contratada tem sido excelente.	Satisfação

---

28. GROVER, V. et al. (1996), op. cit.

Como aplicar

N a segunda parte deste livro iniciamos o detalhamento da metodologia de diagnóstico da cultura e do desempenho organizacionais.

O Capítulo 5 apresenta a metodologia que o ajudará na elaboração de um diagnóstico de cultura organizacional e do desempenho sistematizado. É repleto de informações e dicas que lhe permitem elaborar um diagnóstico eficaz que venha a agregar valor à sua organização. Com o diagnóstico da cultura organizacional e do desempenho, será possível verificar o grau de alinhamento (congruência) existente entre a sua empresa e os prestadores de serviços. A sistematização do diagnóstico refina a análise, não permitindo que as questões subjetivas sejam mal-interpretadas. A interpretação incorreta leva a conclusões e ações imprecisas. Por isso, o diagnóstico correto, com o uso de metodologia precisa, evita erros e minimiza tempo.

No Capítulo 6, são apresentados os resultados e as análises de um estudo de caso real que lhe permitirá conhecer a metodologia de diagnóstico da cultura e do desempenho organizacional na prática. O caso está descrito com o máximo de detalhes, para auxiliá-lo a colocar em prática todos os ensinamentos apresentados neste livro. Dessa forma, é mais fácil entender conceitos que muitas vezes são obscuros e dificultam a aplicação de metodologias de diagnóstico da cultura organizacional pelas empresas.

No Capítulo 7, é apresentada a importância do diagnóstico de cultura organizacional para as empresas em geral e as vantagens do alinhamento cultural para as empresas que contratam terceiros e aquelas que são prestadoras de serviços.

CAPÍTULO 5

Metodologia de diagnóstico da cultura organizacional e do desempenho

Os modelos de diagnóstico da cultura organizacional são predominantemente qualitativos,[1] como vimos no Capítulo 1 (ver mais detalhes no Capítulo 8). A metodologia apresentada neste capítulo, testada em estudo acadêmico e em consultorias, é híbrida. Representa uma integração do método qualitativo com o quantitativo. Isto potencializa o resultado do diagnóstico da cultura organizacional, aumentando sua assertividade e exatidão.

O diagnóstico da cultura organizacional é um procedimento complexo, e pode ser interpretado erroneamente.[2] Dois fatores parecem contribuir para uma interpretação incorreta: o nível da análise e a metodologia adotada. O nível da análise refere-se à população sob análise: sociedade, grupo (por exemplo, uma empresa) ou indivíduo. A metodologia refere-se às ferramentas analíticas adotadas para dar sustentação à análise[3] do diagnóstico elaborado. Por isso, em qualquer projeto, estudo ou pesquisa, a metodologia deve ser adequada e cuidadosamente planejada e aplicada.

---

1. SCHEIN, E.H. *Guia de sobrevivência da cultura corporativa.* 2ª ed. Rio de Janeiro: José Olympio, 2007.

2. SCHEIN, E.H. (1992), op. cit.

3. ALTMAN, Yochanan. "Towards a Cultural Typology of European Work Values and Work Organisation". *Innovation in Social Sciences Research*, vol. 5, n. 1, 1992.

O foco da análise adotado na maioria das organizações e até em alguns estudos é normalmente positivista. Ou seja, tem como objetivo principal a busca pela experiência e pelos dados positivos, concretos.

Nesse sentido, apesar de o foco da análise poder ser também neopositivista, fenomenológico ou dialético, os projetos organizacionais são normalmente pragmáticos na busca de resultados, de preferência de curto prazo. Assim, os procedimentos para análise das organizações, por serem normalmente positivistas, fundamentam-se em fatos e dados.

Quanto à análise dos antecedentes, as organizações geralmente utilizam-se do *benchmarking* (em um processo de planejamento estruturado) ou da "tentativa e erro" para a tomada de decisão. O ideal seria que elas também buscassem analisar pesquisas existentes, além do *benchmarking*, antes da implantação dos projetos. Isto seria como a prática adotada na gestão do conhecimento. A busca de informações preexistentes serve para reduzir o tempo e os investimentos no desenvolvimento de projetos, assim como para dar suporte ao planejamento destes.

Sendo assim, dado que os valores organizacionais, como vimos, são importantes,[4] como podemos mensurá-los para fazer comparações entre empresas? Os estudos de valores organizacionais que foram realizados adotaram um dos seguintes métodos:[5] qualitativo, compreendendo uma ou várias organizações,[6] e quantitativo, tipo *survey*, envolvendo, em alguns casos, grande número de organizações.[7] O uso dos métodos quantitativo e qualitativo em conjunto permite "a compensação das deficiências e dos pontos obscuros de cada método isoladamente".[8] Então, a combinação dos métodos pode ser muito sinérgica.[9]

As evidências quantitativas podem indicar relacionamentos que não são aparentes e também podem distanciar o pesquisador das impressões muitas

---

4. KABANOFF, B. e DALY, J. "Espoused values of organizations". *Australian Journal of Management*, vol. 27, 2002, pp. 89-97.

5. ALTMAN, Y. "Towards a Cultural Typology of European Work Values and Work Organization". *Innovation in Social Sciences Research*, vol. 5, n. 1, 1992.

6. SCHEIN, E.H. *Organizational Culture and Leadership*. 2ª ed. San Francisco: Jossey-Bass, 1992.

7. CHATMAN, J.A. e JEHN, K. (1994), op. cit.

8. FLICK, U. *Uma introdução à pesquisa qualitativa*. 2. ed. Porto Alegre: Bookman, 2004.

9. EISENHARDT, K.M. "Building Theories from Case Study Research". *Academy of Management Review*, vol. 14, n. 4, 1989, pp. 532-550.

vezes falsas dos dados qualitativos. Por outro lado, os dados qualitativos são muito importantes para entender o racional não revelado pelos dados quantitativos.

Independentemente do modelo utilizado para o diagnóstico da cultura organizacional, é fundamental que ele seja:

- **Válido**, pois deve estar fundamentado em teoria sólida e ter sido testado empiricamente.
- **Fidedigno**, pois deve buscar reproduzir aplicações realizadas por outros pesquisadores sociais.
- **Confiável**, pois deve refletir o modelo utilizado.

O modelo de diagnóstico da cultura organizacional apresentado neste livro atende a estas três premissas. Além disso, tem sido aplicado em empresas públicas e privadas com sucesso.

Quanto ao diagnóstico do desempenho dos serviços de terceirização, existem diversas maneiras de se medir.[10] Um dos critérios utilizados é o grau de satisfação do contratante.[11] A satisfação do contratante ocorre quando o desempenho percebido da terceirização se assemelha às expectativas.[12] A satisfação emerge quando o contratante compara sua percepção ao desempenho da terceirização.[13]

Desse modo, em função dos resultados apresentados em projetos empresariais e acadêmicos, passei a adotar este modelo como um indicador do desempenho da terceirização.

A população ou universo de uma pesquisa representa o conjunto de elementos a partir do qual a amostra será retirada. No caso de uma empresa, a população são todos os seus funcionários. Essa população pode ser expandida para os *stakeholders*[14] da empresa, dependendo dos objetivos da análise.

De forma mais abrangente, além dos clientes e fornecedores, os *stakeholders* podem ser considerados: os acionistas, a direção, o conselho de adminis-

---

10. O termo satisfação é utilizado de forma análoga a sucesso e desempenho.
11. KIM, B. e PARK, K. (2003), op. cit.
12. Veja outras definições em KIM, B. e PARK, K. (2003), op. cit.
13. KIM, B. e PARK, K. (2003), op. cit.
14. *Stakeholders*: todas as partes que influenciam a gestão da organização.

tração, os empregados, os aposentados, o sindicato, a sociedade, o governo e os parceiros (revendedores, franquias, *joint-ventures*, pessoas jurídicas etc.). (Ver Figura 5.1.)

Figura 5.1

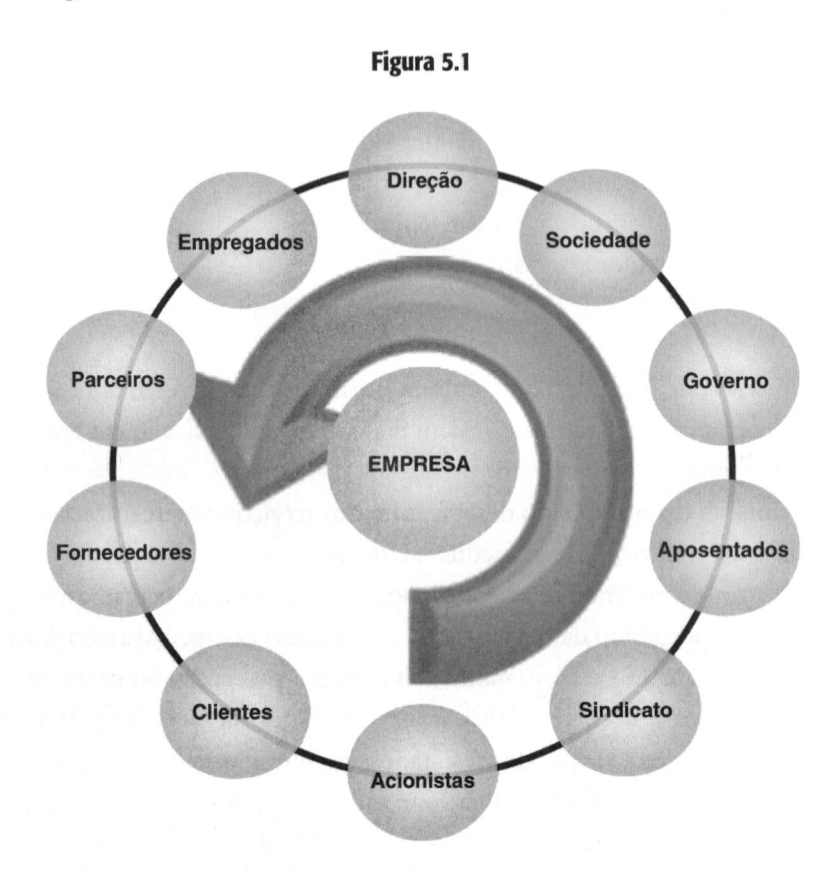

O diagnóstico da cultura organizacional pode ser realizado exclusivamente com a percepção dos empregados (interna). No entanto, o recomendado é verificar os demais *stakeholders*. Esta última forma é a mais adequada, pois fornece uma visão mais nítida da cultura organizacional da empresa. A seleção do *stakeholder* deve ser feita em função do grau de influência de cada um deles na empresa. Eventualmente, dependendo da organização, alguns *stakeholders*, como o sindicato ou os aposentados, podem não exercer influência direta na gestão da empresa, mas é importante analisar a influência de cada um deles na organização.

Após o mapeamento e a escolha dos *stakeholders,* o diagnóstico de cultura organizacional tem início, compreendendo as etapas apresentadas na Figura 5.2.

Figura 5.2

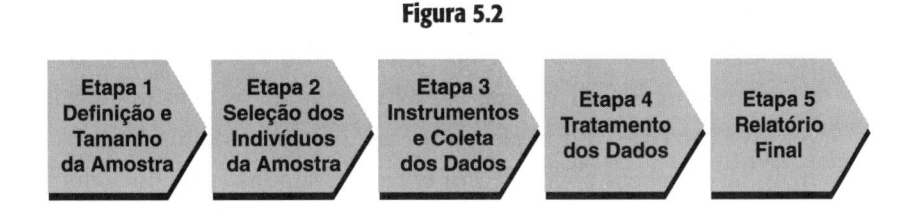

Definição e tamanho da amostra

O projeto de diagnóstico organizacional quando aplicado pela empresa tem seu início nesta etapa: a definição da amostra representativa da empresa que será analisada conceitualmente. A amostra é um grupo de indivíduos ou objetos retirados de uma população de tal forma que possam servir de modelo para ela, com possibilidade de generalização a um determinado grau de confiança.

Etapa 1
Definição e
tamanho
da amostra

As amostras podem ser probabilísticas ou não probabilísticas. Nas amostras probabilísticas, todos os indivíduos de uma população têm uma probabilidade conhecida de serem escolhidos. As amostras neste caso são analisadas com o auxílio da estatística. Assim, os resultados podem ser generalizados à população. Os principais tipos de amostras probabilísticas são:

- **Aleatório Simples** (com e sem reposição). Sorteio de números aleatórios. Cada elemento da população tem probabilidade conhecida e idêntica à dos outros elementos de serem selecionados para fazer parte da amostra. Deve ser um conjunto (de empregados, por exemplo) em que cada elemento (empregado) recebe uma codificação e a seleção é feita aleatoriamente. Para isso, pode-se utilizar a tecnologia ou algum outro recurso. No primeiro caso, o caminho mais simples é a utilização da planilha Excel, que possui uma função específica para seleção de números aleatórios. No segundo caso, podem-se utilizar as Tabelas de Números Aleatórios disponíveis em bons livros de estatística.
- **Estratificado.** A população é subdividida em subpopulações ou estratos, mutuamente excludentes e coletivamente exaustivos. Em seguida,

os elementos dos estratos são selecionados aleatoriamente (aleatório simples). Isto contribui para aumentar a precisão sem elevar os custos. Os elementos de um mesmo estrato devem ser os mais homogêneos possíveis, ao passo que os elementos de diferentes estratos devem ser os mais heterogêneos possíveis. Por exemplo. suponha que uma empresa possui três níveis hierárquicos (diretoria, gerência e demais colaboradores). Neste caso, o primeiro passo é separar os empregados por estrato e, em seguida, realizar uma seleção aleatória simples de cada uma das subpopulações.

• **Conglomerados.**[15] A população é dividida em subgrupos (conglomerados), mutuamente excludentes e coletivamente exaustivos, e procede-se à seleção aleatória dos grupos que constituirão a amostra. Após essa seleção, pode-se proceder à coleta de informações com todos os elementos do grupo ou fazer uma nova seleção aleatória destes.

Na amostra não probabilística, a seleção não é aleatória e as amostras são obtidas por julgamento subjetivo do pesquisador (o que pode acarretar alguma tendência). Nesse caso, os resultados não podem ser generalizados à população. Os principais tipos de amostra não probabilística são:

• **Conveniência.** Refere-se à amostra selecionada por alguma conveniência do pesquisador. É o tipo menos confiável, pois não é representativa da população, apesar de mais barata, rápida e simples. É útil para pesquisas exploratórias, mas jamais para pesquisa conclusiva, pois não permite generalizações.

• **Intencional ou Julgamento.** A amostra satisfatória para a necessidade da pesquisa é obtida com bom julgamento e uma estratégia adequada. Uma forma de fazê-la é selecionando casos típicos da população da pesquisa que seriam representativos. Esta amostragem é barata e rápida; contudo, por depender do julgamento do pesquisador, não permite amplas inferências populacionais.

• **Bola de Neve.** Um grupo inicial de pesquisadores é selecionado aleatoriamente. Essas pessoas, após terem sido entrevistadas, identificam

---

15. Do inglês, *cluster.*

outras que pertençam à mesma população-alvo. Esse processo pode ser executado em ondas sucessivas. Esse tipo é muito utilizado para estimar características raras na população, e sua principal vantagem é aumentar substancialmente a possibilidade de localizar a característica desejada na população. Os custos são relativamente baixos.

Para o diagnóstico de cultura organizacional, a primeira etapa é a identificação do número de empregados da empresa. Em seguida, deve-se ajustar o número de empregados, excluindo os afastados (doença, acidente, gravidez etc.), os analfabetos funcionais (e se possível os iletrados), os que estão de férias e até aqueles em viagem de longa duração e de difícil acesso. Assim, é possível identificar o número efetivo da população da empresa.

De posse do número efetivo de empregados, a próxima etapa é determinar o tamanho da amostra. Para esse cálculo, recomendo a fórmula adotada por L.M. Rea e R.A. Parker[16] ou a de W.G. Cochran[17]. Na determinação do tamanho da amostra, recomenda-se estratificar a empresa seguindo algum critério. O mais utilizado é a estrutura organizacional. Assim, é possível estratificar a empresa por unidades de negócio, gerências, países, filiais etc. A seleção dos indivíduos que comporão a amostra será feita aleatoriamente de forma estratificada (como mostrado, é uma amostra probabilística aleatória estratificada).

Fórmula de Rea e Parker

$$n = \frac{Z_a^2 [p(1-p)]N}{Z_a^2[p(1-p)]+(N-1)C_p^2}$$

em que:

Z_α = nível de confiança em unidades de desvio padrão.

p = proporção do universo.

N = número de elementos da população.

C_p = erro máximo admissível em proporções.

---

16. REA, L.M e PARKER, R.A. *Designing and Conducting Survey Research: A Comprehensive Guide.* 2ª ed. Jossey-Bass, 1997.

17. COCHRAN, W.G. *Sampling Techniques.* 3ª ed. New York: John Willey, 1977.

O tamanho da amostra varia de acordo com a forma de seleção. No caso da forma probabilística, a amostra precisa ter um tamanho predeterminado para atender às premissas do método estatístico que será utilizado. Se a amostra for não probabilística, as premissas estatísticas desaparecem e a quantidade pode ser variada. No entanto, neste último caso, a generalização dos resultados não pode ser adotada e a confiabilidade ficará prejudicada.

ESTUDO DE CASO

As organizações que compuseram a amostra foram escolhidas por conveniência. A pesquisa documental foi realizada pela internet, envolvendo um estudo sistematizado desenvolvido com base em material acessível ao público em geral, publicado em livros, revistas, jornais, teses, dissertações, artigos científicos recentes, documentação interna da empresa e redes eletrônicas.

Todas as empresas (contratante e contratada) foram contatadas por carta ou e-mail, sendo convidadas para participar da pesquisa. Para incentivar[18] a participação das empresas na pesquisa, um sumário dos resultados foi oferecido a todas elas.

Devido à solicitação das empresas participantes de não terem suas marcas divulgadas, a empresa contratante foi rebatizada com o nome GAMA e cada empresa contratada recebeu os seguintes nomes: ALFA, BETA e DELTA.

Para o diagnóstico do desempenho da terceirização, a primeira etapa é a identificação do gestor do contrato e dos usuários dos serviços.[19] Apesar de o gestor do contrato ser definido como o responsável por aceitar os serviços da contratada e garantir que estes atendam à operação do contratante de forma eficiente e efetiva no longo prazo, não há como priorizar qualquer um deles.[20]

O que se busca é identificar o grau de satisfação do contratante em relação ao contratado como uma efetiva forma de mensuração.[21] A satisfação do contratante tem sido amplamente utilizada como uma medida de

---

18. RAMASESHAN, B. e LOO, P.C. (1998), op. cit.
19. KIM, B. e PARK, K. (2003), op. cit.
20. KIM, B. e PARK, K. (2003), op. cit.
21. KIM, S. e CHUNG, Y. "Critical success factors for is outsourcing implementation from an interorganizational relationship perspective". *The Journal of Computer Information Systems*, vol. 43, n. 4, 2003.

desempenho em estudos de relacionamento interorganizacional,[22] como a terceirização.

Assim, apesar de existir a possibilidade de se utilizar um único respondente, dependendo do tipo de prestação de serviço, existem vantagens e desvantagens nessa decisão.[23] O respondente sênior único tem vantagens por seu profundo conhecimento sobre o que está sendo analisado e a capacidade de reportar com acuidade as informações. Além disso, um único gestor sênior como respondente evita as avaliações periféricas de respondentes com menor conhecimento em posições hierárquicas inferiores. Por outro lado, pode apresentar tendenciosidade em função de superavaliar fatores ligados à sua função. O uso de múltiplos respondentes tem a grande vantagem de permitir a confrontação das respostas de um respondente com a de outros, eliminando discrepâncias entre eles.

Seleção dos indivíduos da amostra

Conhecendo o tamanho da população efetiva da empresa e da amostra, o próximo passo é a seleção dos indivíduos que irão compor a amostra. Recomendo que esta sempre seja selecionada de forma probabilística para permitir a generalização do resultado na empresa a um determinado grau de confiança (confiabilidade da amostra).

> **Etapa 2**
> Seleção dos indivíduos da amostra

Portanto, o ideal é elaborar uma amostra aleatória estratificada por níveis hierárquicos e *stakeholders*, o que permite a análise com maior grau de detalhes e ao mesmo tempo abrangente (com o maior número de influenciadores). Existem diversas maneiras de identificar os indivíduos da amostra de forma aleatória. Acredito que a mais fácil seja com a aplicação da ferramenta

---

22. MOHR, J.J. e SPEKMAN, R.E. "Characteristics of partnership success: partnership attributes, communication, behavior, and conflict resolution techniques". *Strategic Management Journal*, vol. 15, n. 2, 1994, pp. 135-152.

23. GLICK, W.H.; HUBER, G.P.; MILLER, C.C.; DOTY, D.H. e SUTCLIFFE, K.M. "Studying Changes in Organizational Design and Effectiveness: Retrospective Event Histories and Periodic Assessments". *Organization Science*, vol. 1, n. 3, 1990, pp. 293-312.

Excel (veja no Excel: Inserir → Função para análise de dados → Aleatório). De posse das matrículas de todos os empregados da empresa ou de qualquer outro código que possa identificá-los, aplica-se a função de identificação de números aleatórios para identificação das matrículas para compor a amostra.

Após a seleção dos indivíduos, é necessário saber se todos estão efetivamente disponíveis na empresa e se não existe qualquer outro impedimento para a participação deles no diagnóstico. Isso é necessário tendo em vista que, além da aplicação do questionário, os funcionários também devem ser entrevistados. Caso qualquer indivíduo da amostra não esteja disponível, mesmo após a triagem realizada, ele deve ser retirado da amostra e uma nova escolha aleatória deverá ser feita para completá-la.

ESTUDO DE CASO

Para a avaliação da cultura organizacional, foi identificado aleatoriamente em cada uma das empresas (contratante e contratadas) um conjunto de respondentes.[24]

Os participantes da amostra foram codificados com as matrículas e selecionados aleatoriamente com o auxílio do Excel.

Apesar de alguns pesquisadores[25] terem considerado que a cultura organizacional é um fenômeno de cima para baixo, em que somente os gestores presentes nos primeiros níveis da estrutura organizacional podem significativamente influenciar a cultura organizacional, outros[26] demonstraram que os respondentes em diferentes partes e níveis da organização tendem a realizar avaliações da cultura organizacional de forma semelhante às realizadas pela liderança. Dessa maneira, os valores organizacionais nesta pesquisa foram mensurados em uma amostra de empregados das empresas pesquisadas, enquadrados em todos os níveis hierárquicos das empresas.[27]

Para identificação do desempenho, devem ser definidos o gestor do contrato e todos os usuários dos serviços.

Após a identificação do gestor do contrato, é preciso definir, em conjunto, os usuários do contrato. Neste ponto do diagnóstico, deve-se tomar muito

---

24. Utilizando-se a fórmula de REA, L.M; PARKER, R.A. *Designing and Conducting Survey Research: A Comprehensive Guide*. 2ª ed. Jossey-Bass, 1997.

25. SARROS, J.C et al. (2005), op. cit.

26. FEY, C.F. e DENISON, D.R. "Organizational Culture and Effectiveness: Can American Theory Be Applied in Russia?". *Organization Science*, vol. 14, n. 6, 2003, pp. 686-706.

27. LEE, S.K.J. e YU, K. (2004), op. cit.

cuidado, pois, muitas vezes, ele não está relacionado com o número correto de usuários. Outras vezes, não há tempo suficiente para identificação dos usuários. E, o mais relevante, quanto menos qualificados forem os usuários, em relação ao executivo sênior, maior a chance de redução da qualidade da média das respostas.

Seguindo o modelo apresentado no diagnóstico de cultura organizacional, os usuários podem ser selecionados de forma aleatória simples ou estratificada, dependendo do serviço e da empresa.

Instrumentos e coleta dos dados

Os instrumentos para coleta de dados referem-se aos questionários, roteiros para entrevista estruturados ou semiestruturados, entre outros tipos de instrumentos menos utilizados.

**Etapa 3
Instrumentos
e coleta
dos dados**

A entrevista é realizada, sempre que possível, pessoalmente com o empregado, de maneira metódica, com o objetivo de obter informações do entrevistado sobre determinado assunto.[28] Uma das vantagens da utilização desta técnica de coleta de dados é a maior oportunidade para avaliar atitudes e condutas, podendo o entrevistado ser observado tanto a respeito do conteúdo de suas respostas quanto com relação às suas ações e seus gestos.

A coleta de dados com entrevista permite garantir o índice de resposta necessário para a amostra da população em estudo, evita a inabilidade de alguns respondentes no uso do instrumento de pesquisa quantitativa e possibilita corrigir enganos dos respondentes na interpretação das questões.[29] A combinação da entrevista com o questionário é bem-sucedida na obtenção de taxas de respostas, ao mesmo tempo que permite ao respondente privacidade no preenchimento do questionário.[30]

---

28. LAKATOS, E.M. *Fundamentos de metodologia científica*. 3ª ed. São Paulo: Atlas, 1991.
29. MALUFE, J.R. e GATTI, B.A. *Métodos de pesquisa nas relações sociais*. 2ª ed., vol 2: Medidas na Pesquisa Social. São Paulo: Editora Pedagógica e Universitária, 1987.
30. MALUFE, J.R. e GATTI, B.A. (1987), op. cit.

As informações obtidas por meio dos questionários e das entrevistas refletem as percepções dos respondentes.

A validade dos questionários é um fator essencial para tornar possível o tratamento estatístico dos dados, de forma a avaliar a influência relativa e a relevância dos diferentes critérios, assim como seus relacionamentos e implicações.

No caso do diagnóstico de cultura organizacional, os principais instrumentos que podem ser utilizados na pesquisa quantitativa' são os questionários de valores organizacionais,[31] práticas organizacionais,[32] dimensões da cultura organizacional[33] e comprometimento.[34] Para a pesquisa qualitativa, devem ser formuladas questões alinhadas às variáveis dos questionários para validar e exemplificar as respostas. Das entrevistas surgem as citações que compõem o diagnóstico organizacional. No exemplo apresentado neste livro foi utilizado somente o questionário de James Sarros, disponível no Capítulo 9. Outro formulário que pode ser utilizado é o Perfil de Cultura Empreendedora (PCE) desenvolvido por mim e outras coautoras (veja referência nos Agradecimentos).

Para a coleta dos dados recomenda-se que o empregado seja formalmente convidado por um representante da empresa e informado sobre o motivo da pesquisa e o local onde ela ocorrerá. O local precisa ser reservado para garantir o sigilo da conversa e adequado para evitar distrações. No dia e hora marcada, o entrevistador deverá estar antecipadamente presente ao local para recepcionar o empregado da empresa.

Ao primeiro contato, o entrevistador deverá explicar os objetivos da entrevista e tirar as dúvidas iniciais do entrevistado. É muito comum que empregados tenham receio de dar entrevista em virtude da incerteza sobre o que será feito com o resultado. Portanto, todas as explicações devem ser fornecidas, de maneira semelhante, a cada um dos empregados.

---

31. SARROS, J.C et al. (2005), op. cit.

32. CHOW, C.W.; HARRISON, G.L.; MCKINNON, J.L. e WUET, A. The Organizational Culture of Public Accounting Firme: evidence from Taiwanese Local and U.S. Affiliated Firms. CIBER working Paper Series, Publication n. 110, San Diego State University. 2001.

33. SETHIA, N. e VON GLINOW, M.A. "Arriving at Four Cultures by Managing the Reward System". In: KILMANN et all. Gaining Control of the Corporate Culture. San Francisco: Jossey Bass, 1985.

34. CONNER, D.R. Managing at the Speed of Change. Villard Books: New York, 1995.

A seção tem início com a aplicação do questionário a ser preenchido pelo empregado. Recomendo planejar o tempo de maneira que seja suficiente para o respondente preencher o questionário com calma. O entrevistado deve ser informado antecipadamente de que qualquer dúvida poderá ser esclarecida com o entrevistador durante o preenchimento do questionário. Para preencher os questionários são necessários 35 minutos, podendo chegar a até 60 minutos.

Terminado o preenchimento do questionário, sugiro verificar se as respostas foram marcadas no formulário de forma adequada. Em seguida, iniciar a entrevista seguindo o roteiro previamente eleborado. Recomendo gravar as entrevistas. Antes de iniciar a gravação, deve-se solicitar que o entrevistado a autorize. É importante garantir que o uso da entrevista estará restrito ao entrevistador e que a identidade do respondente será mantida em total sigilo.

Na realidade, a informação individual não tem utilidade em um diagnóstico da cultura organizacional. Os dados são analisados em conjunto. Entretanto, as informações individuais são muito importantes para exemplificar situações características da empresa analisada e garantir a qualidade das respostas fornecidas.

Após a entrevista, o entrevistador deve assegurar a confidencialidade das informações, esclarecer quaisquer dúvidas do entrevistado e encerrar a seção. Após a saída do entrevistado, o entrevistador deve fazer todas as anotações necessárias ou gravá-las para não perder informações sem registro, como impressões, observações e questionamentos.

ESTUDO DE CASO

Para coletar os dados primários da pesquisa, foram utilizados dois questionários. O primeiro contendo as variáveis de cultura organizacional[35] e o segundo, as questões para avaliação do desempenho da parceria.[36] Além dos questionários, foram realizadas entrevistas com alguns dos executivos da empresa contratante e com todos os gestores dos contratos. As entrevistas que foram realizadas de forma semiestruturada[37] utilizaram os questionários da pesquisa como parâmetro para elaboração das perguntas.

35. SARROS, J.C et al. (2005), op. cit.
36. GROVER, V. et al. (1996), op. cit.
37. MYERS, M.D. e NEWMAN, M. "The qualitative interview in IS research: Examining the craft". *Information and Organization*, vol. 7, 2007, pp. 2-26.

Procedimentos para Coleta de Dados da Cultura Organizacional

Após o aceite da empresa para participar da pesquisa, foi feita uma reunião inicial com o contato (gestor de Recursos Humanos) da empresa contratante para explicar em detalhes o objetivo, a relevância e a metodologia da pesquisa, assim como escolher os contratos de prestação de serviços (prestadores de serviços) que seriam utilizados na amostra.

A coleta de dados (contratante e contratadas) ocorreu de forma presencial nas empresas. A seleção da amostra foi aleatória, com o uso das matrículas dos funcionários. A coleta de dados foi realizada de forma individual e presencial em uma sala reservada, com uso do questionário (ver o Quadro 1.1) contendo os valores organizacionais.[38] Apesar de a coleta de dados ter sido presencial, foi assegurado aos respondentes total sigilo das informações.

Após cada entrevista, as informações foram transcritas para uma planilha eletrônica e, depois, transferidas para os softwares utilizados nas análises.

A coleta dos valores organizacionais seguida de entrevista contribuiu para evitar vieses potenciais do entrevistador e transmitir mais segurança aos respondentes que, no anonimato, puderam se sentir mais à vontade e expressar a opinião com mais precisão.[39]

O número de respondentes na empresa contratante foi 57. No caso das empresas contratadas, esse quantitativo variou de 31 até 35, conforme o Quadro 5.1.

Quadro 5.1 Tamanho da Amostra

EMPRESA	TAMANHO DA AMOSTRA	RESPONDENTES
GAMA	68	57
ALFA	36	32
BETA	36	35
DELTA	36	31

Procedimentos para Coleta de Dados do Desempenho

Para coletar a percepção sobre o desempenho da parceria, a coleta de dados foi realizada por meio de entrevistas com o gestor do contrato da empresa contratante, com o uso de questionário.[40] (Ver o Quadro 4.1.)

---

38. SARROS, J.C. et al. (2005), op. cit.
39. MALUFE, J.R. e GATTI, B.A. *Métodos de pesquisa nas relações sociais.* 2ª ed., vol. 2: Medidas na Pesquisa Social. São Paulo: Editora Pedagógica e Universitária, 1987.
40. GROVER, V. et al. (1996), op. cit.

No caso do diagnóstico do desempenho da terceirização, o instrumento que promove bom resultado é o questionário de benefícios adaptado de Grover (ver o Capítulo 9).

Para a coleta dos dados, é recomendado que todos os participantes (gestor do contrato e usuários selecionados) sejam formalmente convidados por um representante da empresa. A aplicação do questionário poderá ocorrer presencialmente ou pela internet com um formulário on-line. O importante é que todos sejam informados sobre o motivo da pesquisa e, também, sobre como e onde ela ocorrerá.

Se a coleta for presencial, o local precisa ser reservado para garantir o sigilo da conversa e adequado para evitar distrações. No dia e hora marcada, o entrevistador deverá estar antecipadamente presente ao local para recepcionar os participantes.

Demais ações para a aplicação do questionário de avaliação do desempenho são semelhantes àquelas apresentadas para o diagnóstico da cultura organizacional.

Os dados coletados dos usuários devem ser analisados em conjunto, deixando o questionário do gestor para uma análise comparativa.

Tratamento dos dados

O tratamento dos dados sempre depende do método e dos instrumentos de coleta de dados, assim como dos dados coletados. Após a coleta dos dados por meio de questionários e entrevistas, deve-se tabular e transcrever para analisá-los. Os dados provenientes dos questionários são, em geral, tratados estatisticamente e os resultantes das entrevistas por meio de técnica qualitativa.

> **Etapa 4**
> **Tratamento**
> **dos dados**

A pesquisa quantitativa, na realização do diagnóstico da cultura organizacional, aumenta a qualidade do resultado, possibilitando um diagnóstico ainda mais confiável. Os dados podem ser analisados com o uso de médias, desvio padrão, distribuição de frequências e análise da variância. Esta última tem o objetivo de verificar as diferenças entre empresas (contratante e contratada) para o mesmo grupo de valores da cultura organizacional, assim como para comparar as diferenças entre os estratos organizacionais.

Caso a amostra seja não probabilística, a análise da variância não poderá ser utilizada. Neste caso, recomendo o uso da técnica estatística não paramétrica denominada Teste de Kruskal-Wallis.[41]

CORRELAÇÃO DE PEARSON

Na Correlação de Pearson, o coeficiente pode variar de −1 a 1, onde −1 e 1 indicam um relacionamento perfeito. Quanto mais distante o coeficiente estiver do zero, independentemente de ser positivo ou negativo, mais forte é o relacionamento entre as duas variáveis. Coeficientes positivos indicam que existe um relacionamento direto: quando uma variável aumenta, a outra também aumenta. Coeficientes negativos indicam que existe um relacionamento inverso: quando uma variável aumenta, a outra diminui.[42]

Para a aplicação da Correlação de Pearson, é necessário o uso de software estatístico apropriado.[43]

Para calcular e determinar a força do relacionamento entre os valores organizacionais utilizados no questionário, deve se aplicar a Correlação de Pearson às respostas de cada empresa analisada (ver o box "Correlação de Pearson").

A análise central fica por conta da Metodologia-Q[44] (detalhes descritos a seguir) para identificar os agrupamentos. Os respondentes que são altamente correlacionados entre si podem ser considerados semelhantes, de um mesmo agrupamento. Dessa forma, é possível identificar quantos diferentes agrupamentos existem. O número de agrupamentos é completamente dependente de como os respondentes preenchem o questionário. Os agrupamentos reúnem as pessoas que compartilham valores comuns.

Para a aplicação da Metodologia-Q, é necessário o uso de programas estatísticos apropriados. Existem diversos programas dedicados à Metodologia-Q que permitem fazer as análises necessárias. Os dois principais são o PCQ para Windows[45] e o PQ Method.[46]

---

41. Para mais detalhes veja BLACK, K. e ELDREDGE, D. *Business and Economic Statistics Using Microsoft Excel*, 2001.
42. HAIR, J.R., ANDERSON, R.E.; TATHAM, R.L. e BLACK, W.C. *Multivariate Data Analysis*. New Jersey: Prentice Hall, 1998.
43. HAIR, J.R. et al. (1998), op. cit.
44. SANTOS, L.D. dos e AMARAL, L. "Estudos Delphi com Q-Sort sobre a web: a sua utilização em sistemas de informação". In: Conferência da Associação Portuguesa de Sistemas de Informação, 5, Lisboa, 2004 – CAPSI 2004: actas da 5ª Conferência. Disponível em CD-ROM.
45. Veja www.pcqsoft.com.
46. Veja www.rz.unibw-muenchen.de/~p41bsmk/qmethod.

Por fim, para a comparação das culturas das empresas contratante e contratada, é aplicada a Correlação Canônica. Com isso, é possível determinar o grau de alinhamento das culturas organizacionais[47] (ver o box "Correlação Canônica").

CORRELAÇÃO CANÔNICA

A correlação canônica é semelhante à regressão linear múltipla. A diferença básica é que a correlação canônica possui mais de uma variável dependente. Ou seja, é a correlação de dois conjuntos de variáveis, sendo um dependente e o outro, independente.

O indicador de semelhança da cultura organizacional das empresas é o coeficiente de determinação canônica, isto é, a proporção da variabilidade em uma variável que é explicada pela variabilidade da outra.

O alinhamento cultural máximo (correlação perfeita) apresenta 1 como indicador, ao passo que o não alinhamento apresenta a correlação zero. Na prática, porque existem muitos fatores que determinam as relações entre as variáveis, é muito difícil encontrar um alinhamento perfeito.

Para se aceitar a existência de alinhamento cultural, o coeficiente de determinação canônica deve ser maior que 0,30.[48] Quanto maior, até 1, melhor.

Para a aplicação da correlação canônica, é necessário o uso de software estatístico apropriado. Recomendo o uso do SPSS.[49]

Para a pesquisa qualitativa, utiliza-se a entrevista para identificar os aspectos subjetivos da cultura organizacional das empresas pesquisadas e o desempenho das parcerias. A técnica mais adequada é a "entrevista centralizada no problema"[50,51] e deve ser planejada de forma semiestruturada, com um único entrevistado de cada vez e com o menor grau possível de intervenção e direcionamento exercido pelo entrevistador.[52]

---

47. NAZIR, N.A. "Person-Culture Fit and Employee Commitment in Banks'. *The Journal for Decision Makers*, vol. 30, n. 3, 2005, pp. 39-51.

48. HAIR, J.R. et al. (1998), op. cit.

49. Veja HAIR, J.R. et al. (1998), op. cit.

50. Para mais detalhes da metodologia, veja FLICK, U. (2004:100), op. cit.

51. A entrevista centralizada no problema comporta uma entrevista semiestruturada com perguntas direcionadas ao tema pesquisado para levantar dados que contribuam para esclarecer um determinado problema. O questionário não deve fugir aos propósitos da pesquisa. A entrevista deve ser gravada para permitir o registro preciso da entrevista. Assim, o entrevistador pode se concentrar mais na discussão e observação (de expressões não verbais, por exemplo) e se precocupar menos com o registro dos dados. Tudo deve ser registrado e transcrito após cada entrevista para não haver perda da subjetividade desta. Para mais detalhes, veja Flick, U. (2004), op. cit.

52. GIL, A.C. *Como elaborar projetos de pesquisa*. 2ª ed. São Paulo: Atlas, 1989.

Com o auxílio dessas técnicas são extraídos os resultados que permitem realizar as análises e, em seguida, elaborar o diagnóstico da cultura organizacional.

ESTUDO DE CASO

Somente foram aceitos os formulários completamente respondidos. Os incompletos foram descartados em virtude da impossibilidade de identificar o respondente. As respostas às perguntas sobre valores e desempenho foram tabuladas e tratadas utilizando-se procedimentos estatísticos multivariados no SPSS 13.0 e no PCQ 1.41, tais como:

1. **Médias, desvio padrão e distribuições de frequência**
2. **Análise da Variância (ANOVA)**
3. **Correlação de Pearson**
4. **Metodologia-Q**
5. **Correlação Canônica**

Além disso, foram realizadas entrevistas com todos os respondentes.

Para o diagnóstico do desempenho, deve-se tabular os resultados e calcular as médias e as distribuições de frequência dos questionários respondidos pelos usuários e comparar com as respostas do gestor do contrato. As possíveis discrepâncias devem ser analisadas.

A Metodologia-Q e a Técnica Q-sort

A Metodologia-Q foi desenvolvida por William Stephenson[53] em 1953, tendo sido estudada extensivamente em muitos trabalhos que a referenciam.[54] Essa metodologia caracteriza-se principalmente por integrar técnicas qualitativas (com a entrevista durante a coleta de dados) e quantitativas (na análise dos dados).

O objetivo principal da metodologia é a tentativa de compreender o comportamento humano, a partir da percepção dos indivíduos. Assim, a meto-

---

53. SANTOS, L.D. dos; AMARAL, L. (2004), op. cit.
54. BROWN, S.R. "Q-technique and method". In: W.D.A.L.-B. Berry, M.S. (orgs.) *New Tools for Social Scientists*. Beverly Hills, CA: Sage, 1986.

dologia é importante para compreender a subjetividade do entrevistado e se ele pertence a algum grupo social. A subjetividade, por sua vez, pode ser entendida como um sistema complexo formado por valores. Nesse sentido, a Metodologia-Q permite tornar tangível a subjetividade do entrevistado e as relações existentes na comunidade de que ele participa.

A Metodologia-Q apresenta vários benefícios:[55]

BENEFÍCIOS DA METODOLOGIA-Q

- É um meio de estudo em profundidade para pequenas amostras.
- Pode ajudar na investigação exploratória.
- Captura a subjetividade com a mínima interferência do investigador.
- Os participantes da amostra não precisam ser selecionados aleatoriamente.
- Pode ser aplicada pela internet.

A Metodologia-Q busca agrupar os respondentes que têm a mesma percepção sobre os valores organizacionais compartilhados pelos membros da empresa analisada.

A forma de ordenação das variáveis utilizada na Metodologia-Q chama-se técnica Q-sort. A característica distintiva dessa técnica é que se requere aos participantes que hierarquizem as variáveis fornecidas segundo uma distribuição predefinida.

A técnica Q-sort demanda a utilização da hierarquização de valores organizacionais que compõem o OCP revisado. Por isso, não utiliza a escala de Likert (método tradicional). A maior vantagem da técnica Q-sort em relação à escala de Likert é que ela, por determinar a hierarquização, induz o respondente a considerar o problema como um todo, ao contrário do método tradicional que opera questão a questão. Assim, os valores organizacionais são ordenados em conjunto de acordo com a sua importância. A escala de Likert tem o inconveniente de o respondente olhar para cada variável individualmente e não como um todo relacionado. Ao considerar cada variável isoladamente, torna-se muito difícil ponderar a sua importância relativa de acordo com a escala, tendendo a atribuir, no caso dos valores organizacionais, avaliações extremas. O método tradicional produz

55. THOMAS, D.M. e WATSON, R.T. "Q-Sorting and MIS Research: A Primer". *Communications of the Association for Information Systems*, vol. 8, 2002, pp. 141-156.

muitas repetições entre as variáveis, o que não é desejável, dado que o objetivo é produzir uma lista ordenada de acordo com as importâncias relativas dos valores organizacionais. Com a técnica Q-sort, esse problema fica ultrapassado, uma vez que o participante deve atentar para as variáveis como um todo. Dessa maneira, consegue-se uma hierarquização por ordem de importância, sem ambiguidades de classificação e com nenhuma probabilidade de ter variáveis repetidas na mesma posição.

Para aplicação do método, solicita-se a cada participante que leia atentamente todos os valores e respectivos conceitos que se encontram no questionário para se familiarizar com eles. Após ter tomado conhecimento de todos os valores organizacionais, o respondente deve separá-los em três grupos:

- Valores muito importantes
- Valores pouco importantes
- Valores neutros, ambivalentes ou de importância regular

O participante deve, então, focar a sua atenção nas questões agrupadas como "muito importantes" e destas selecionar a mais importante, que será colocada na primeira coluna à esquerda do questionário (identificada como "+3"), como apresentado no Quadro 5.2. Este passo deve ser repetido também com o grupo das questões "pouco importantes", selecionando a questão menos importante e colocando-a na última coluna à direita do questionário (identificada como "-3"). Volta-se novamente ao grupo das questões "muitos importantes", a partir do qual deverão ser selecionadas as três questões mais importantes a serem colocadas na segunda coluna da esquerda para a direita ("+2"). Passa-se ao grupo das questões "pouco importantes" e repete-se o passo anterior. Veja escala no Quadro 5.2.

Quadro 5.2 Questionário – Identificação dos Valores

NÚMERO MÁXIMO DE ITENS EM CADA COLUNA →	1	3	6	8	6	3	1
CATEGORIAS – ESCALA →	+3	+2	+1	0	-1	-2	-3
Valor 1							
Valor 2							
Valor "n"							

Esse processo pendular repete-se, alternando entre o grupo das questões "muito importantes" e "pouco importantes", respeitando-se sempre a quantidade de valores organizacionais necessários para cada coluna até que estas se esgotem. Após a distribuição de todos os valores organizacionais, o participante deve proceder a uma revisão cuidadosa, efetuando as alterações que forem necessárias, para que o resultado final reflita o mais rigorosamente possível o seu ponto de vista. Recomendo o uso de lápis e borracha para permitir ao respondente realizar as alterações necessárias.

Uma das características da técnica Q-sort é o fato de os valores organizacionais classificados nas posições "-3" e "+3" serem aqueles a respeito dos quais o participante tem mais certeza ou convicção, podendo-se considerar que as maiores certezas estão nos extremos. A técnica Q-sort pretende, assim, obter a imagem da opinião do entrevistado sobre o objeto considerado,[56] no caso, os valores da empresa em que trabalha.

A técnica Q-sort fornece diversas vantagens para o diagnóstico da cultura organizacional. Primeiramente, permite hierarquizações comparativas[57] de um grande número de variáveis,[58] um benefício importante dado ser uma medida *ipsative,*[59] reduzindo a oportunidade de o respondente fornecer uma resposta socialmente desejável.[60]

Segundo, a técnica Q-sort força a criação de uma distribuição aproximadamente normal (quase-normal), facilitando as inferências e comparações estatísticas com os agrupamentos.[61] Além disso, uma vez que cada variável é comparada com cada uma das demais variáveis, o resultado da técnica Q-sort é um perfil realístico com variáveis disponibilizadas numa ordem que reflete a importância relativa de cada variável com relação às demais, referente à empresa. É realístico tendo em vista que é esperado que algumas variáveis sejam mais importantes para uma empresa quando comparada com outras.

---

56. MALUFE, J.R.; GATTI, B.A. (1987), op. cit.

57. COOPER-THOMAS, H.D.; VIANEN, A.V. e ANDERSON, N. "Changes in person-organization fit: The impact of socialization tactics on perceived and actual P-O fit". *European Journal of Work and Organizational Psychology*, vol. 13, n. 1, 2004, pp. 52-78.

58. HOWARD, L.W. (1998), op. cit.

59. O termo *Ipsative* é usado na psicologia como "medida *ipsative*", para indicar um tipo específico de medida no qual os respondentes comparam duas ou mais opções desejadas e escolhem uma, a qual é a preferida. *Ipsative* é eventualmente denominado escala de "escolha forçada".

60. COOPER-THOMAS, H.D., et al. (2004), op. cit.

61. HOWARD, L.W. (1998), op. cit.

Sem a hierarquização dos valores organizacionais seria fácil para os respondentes terem uma grande quantidade de variáveis avaliadas nos seus limites extremos, como no caso adotado pela escala de Likert.

A técnica Q-sort pode ser utilizada em pequenas amostras, sendo de 30 até 50 respondentes o suficiente para a análise de opinião.[62] Da mesma maneira, essa técnica pode ser aplicada a uma pequena amostra de respondentes pelo seu conhecimento.[63]

Após as respostas terem sido coletadas, para a análise quantitativa, elas devem ser analisadas com o uso de programas estatísticos apropriados, como anteriormente detalhado.

Relatório final

O diagnóstico da cultura organizacional deve ser apresentado de modo mais detalhado possível, mas simultaneamente conciso para evitar que o leitor perca o foco. É recomendável que se utilizem gráficos, figuras e tabelas que auxiliem na leitura e compreensão dos resultados.

**Etapa 5
Relatório
final**

Um relatório completo é composto, também, por um plano de ação que orienta a empresa sobre as ações mais adequadas para reduzir as distâncias entre as subculturas existentes.

Além disso, no mundo dos negócios é essencial criar um sumário executivo para resumir o relatório em poucas páginas. Normalmente, os executivos têm suas agendas apertadas, não dispondo de muito tempo para leituras extensas e cheias de muitos detalhes. Por isso, elaborar um sumário executivo no início do relatório colabora para que o plano de ações seja rapidamente implementado.

O sumário executivo deste capítulo apresenta apenas o exemplo de diagnóstico da cultura organizacional de uma empresa contratante. Para análise da cultura organizacional dos contratados, basta repetir o processo de diag-

---

62. HAZARI, S. "Perceptions of End-Users on the Requirements in Personal Firewall Software: An Exploratory Study". *Journal of Organizational and End User Computing*, vol. 17, n. 3, 2005, pp. 47-65.
63. ROSENBAUM, M.S.; OSTROM, A.L. e KUNTZE, R. "Loyalty programs and a sense of community". *The Journal of Services Marketing*, vol. 19, n. 4, 2005, pp. 222-233.

nóstico para cada contratado. Uma análise completa contendo o diagnóstico da cultura organizacional da empresa contratante e a comparação com três empresas contratadas, bem como o desempenho de cada uma das parcerias é descrita no Capítulo 6.

ESTUDO DE CASO – SUMÁRIO EXECUTIVO

Apresentação

Este sumário executivo é o resultado de uma pesquisa realizada na GAMA, que teve como objetivo principal verificar o alinhamento da cultura organizacional entre empresas GAMA e ALFA, BETA, DELTA, além do desempenho da parceria. Para preservar as identidades das empresas participantes da pesquisa, todos os nomes foram omitidos.

Todas as análises e comentários foram realizados pelo autor e não exprimem nenhum juízo de valor. Não existe modelo de cultura organizacional certo ou errado. Cada organização, ao longo do seu ciclo de vida, identifica qual a hierarquia de valores que melhor alicerça a relação: comportamento, estratégia e desempenho.

Valores organizacionais

Valores organizacionais estão entre os poucos conceitos sociopsicológicos que têm sido adotados com sucesso por quase todas as disciplinas das ciências sociais e de gestão, e definidos como crenças organizacionais generalizáveis e duradouras sobre o desejo pessoal e social de modos de conduta. Os valores organizacionais existem em redes organizadas, como as empresas, e servem como guia regulatório, especificando, por exemplo, modos de comportamento que são socialmente aceitos. Os valores organizacionais, quando compartilhados entre os empregados das empresas, compõem a base da cultura organizacional.

Instrumento, coleta de dados e dados da amostra da GAMA

Os 28 valores utilizados no questionário foram desenvolvidos e testados cientificamente e são indicados para diagnóstico da cultura organizacional. Os valores organizacionais foram agrupados em sete dimensões que representam as principais características da cultura organizacional.

A coleta dos dados foi realizada presencialmente para uma amostra aleatória de empregados da GAMA.

De uma população de 228 empregados foi extraída uma amostra de 68 participantes e utilizados apenas 57 respondentes, em que:

- 51 eram do gênero masculino e 6, do feminino.
- 12 eram da liderança e 45, do operacional.
- 16 tinham até cinco anos de empresa; 19, de 6 a 10 anos; 12, de 11 a 15 anos; 9, de 16 até 20; e 1, acima de 21 anos.

Resultados encontrados na GAMA

A percepção dos respondentes sobre os valores organizacionais mais presentes na GAMA é apresentada na Figura 6.1. Os valores organizacionais mais percebidos pelos respondentes foram: "boa reputação", "foco em resultados", "ser socialmente responsável", "ser competitiva", "foco na realização" e "expectativa por desempenho".

A consolidação dos valores organizacionais em fatores está apresentada na Figura 6.5. "Responsabilidade social", "estabilidade" e "competitividade" são os fatores mais presentes. "Reconhecimento", "apoio" e "inovação" são os menos presentes.

O resultado da comparação entre a percepção da média de todos os respondentes e a média do subgrupo da liderança é muito semelhante em quase todos os fatores, exceto "reconhecimento" e "desempenho". No primeiro caso, o subgrupo da liderança tinha a crença de que reconhecia os colaboradores mais do que efetivamente praticava. No segundo caso, a visão da liderança era mais realista sobre o desempenho da empresa. As lideranças normalmente acreditam que reconhecem muito, e os empregados acham, em geral, insuficiente. Quanto ao desempenho, a diferença da informação e da comunicação para os diversos níveis hierárquicos influencia a percepção, como veremos adiante. Quanto mais alto o nível hierárquico, geralmente a qualidade da informação é melhor.

Independentemente das médias dos valores e fatores apresentados, outras análises estatísticas foram realizadas para identificar o alinhamento e os agrupamentos das respostas.

A análise de agrupamentos buscou identificar os respondentes muito correlacionados. Os agrupamentos se apresentaram de acordo com a forma como os valores foram percebidos pelos respondentes. O agrupamento indica que os respondentes nele contidos compartilhavam os mesmos valores organizacionais. Os respondentes desta pesquisa formaram cinco agrupamentos principais. Cada agrupamento apresentou os valores mais importantes, descritos a seguir:

- Subgrupo A: "baixo conflito", "socialmente responsável", "boa reputação".
- Subgrupo B: "foco em resultados", "rapidez em obter vantagem das oportunidades", "socialmente responsável", "boa reputação".
- Subgrupo C: "boa reputação", "correr riscos", "estabilidade", "garantia de emprego".
- Subgrupo D: "estabilidade", "compartilha informações livremente", "foco em resultados", "garantia de emprego".
- Subgrupo E: "justiça", "compartilha informações livremente", "colaboração", "baixo conflito".

O subgrupo B, o maior de todos, era composto por 14 empregados (dos 57 participantes). Este subgrupo era formado exclusivamente por homens que trabalhavam no operacional da empresa, os quais tinham, em sua maioria, mais de cinco anos de serviço e uma visão bastante forte de que a empresa valorizava os resultados e tinha boa reputação no mercado com ênfase na responsabilidade social (Figura 6.9), conforme podemos observar nas citações:

1. Referentes ao Foco em Resultados
   - "Muito ligada em resultados"
   - "Tudo está ligado a produção e venda."
   - "É a realidade da empresa: bater metas."
   - "Cobra muito resultado."
   - "Ter produção para ter resultado. Muita cobrança."

2. Referente à Boa Reputação
   - "Tem mais de 90 anos no mercado e criou um nome."

Por outro lado, foi apontado pelos respondentes que a empresa não revertia os resultados para os seus empregados, conforme citado:

- "Busca a qualquer custo alcançar os resultados, ainda que para isso deva agir de forma que impacte negativamente os empregados."
- "É muito difícil crescer na empresa."

O subgrupo C da empresa tinha nove respondentes. Para eles, os valores mais presentes na empresa eram "boa reputação" e "garantia de emprego" e, por outro lado, os menos presentes eram "ser muito organizada", "reconhecimento para alto desempenho" e "maior remuneração para alto desempenho" (Figura 6.10). Apesar de os valores mais importantes para este subgrupo serem diferentes do subgrupo anterior, os percebidos como menos presentes eram muito semelhantes.

Este subgrupo, também formado exclusivamente por homens, diferia do anterior por possuir profissionais da área administrativa e de produção e, mais importante, dois dos principais gestores da empresa. Todos tinham mais de cinco anos na empresa, e uma visão muito positiva da boa reputação da empresa e da garantia de emprego (estabilidade), conforme podemos observar nas citações:

- "A empresa se sobressai no mercado. Mantém as contas em dia. É sólida e não está envolvida em escândalos."
- "A empresa trabalha com exportação, tem uma filial na Argentina e recentemente renovou um contrato de exportação."
- "É uma boa empresa. É pontual, paga em dia."
- "A empresa tem um bom ambiente de trabalho, dá condições de trabalhar."

O principal valor não percebido por este subgrupo era "ser muito organizada", conforme podemos atestar nas citações:

- "Não é organizada."
- "Muitas vezes há conflito entre os gestores da empresa (industrial e de administração), pois não estão alinhados. Há falta de integração, que dificulta a organização da empresa."
- "Existe muito retrabalho. As programações de produção são muitas vezes refeitas."
- "Falta alguém para administrar a empresa e as equipes."

Quanto aos demais valores não percebidos por este subgrupo foram apontados o "reconhecimento para o alto desempenho" e a "maior remuneração para o alto desempenho". As citações pontuaram:

- "Existem muitos profissionais competentes na empresa que não são aproveitados. Muitos têm saído por falta de reconhecimento."
- "Quando um profissional adquire uma nova habilidade, ele não tem oportunidade em outra área. As pessoas ficam muito tempo fazendo a mesma coisa."
- "Os profissionais estão sempre trabalhando muito e não recebem reconhecimento."
- "Não reconhecem o desempenho."

Por último, cabe apresentar o subgrupo F, que contém a representação da direção da empresa. Este subgrupo tinha quatro respondentes. Para eles, os valores mais presentes na empresa eram "maior remuneração para alto desempenho", "assumir responsabilidade individual" e "compartilha informações livremente". E, em menor grau de importância, "correr riscos", "expectativa por desempenho", "reconhecimento para alto desempenho" e "foco em pessoas". O valor menos presente era "foco em equipes" (Figura 6.11). Apesar de este subgrupo não ser tão numeroso quando comparado com os demais, ele é significativo em razão da representatividade de seus membros.

A forma de pensar deste grupo privilegia o trabalho individual e empreendedor de fazer as coisas, como se pode observar nas citações:

- "Assumir responsabilidade individual significa que cada indivíduo tem que assumir suas responsabilidades para que as coisas aconteçam. A empresa espera que os indivíduos realizem suas tarefas."
- "A empresa está sempre aberta ao diálogo." -

A percepção da direção da empresa de que a comunicação é transparente e de que os mais produtivos são mais bem remunerados, na verdade, não é a mesma percepção dos operários, como relatam as citações:

- "Não há política de cargos e salários."
- "Quando as decisões são tomadas começam os boatos. A comunicação de boatos é truncada."
- "Os boatos ocorrem por falta de comprometimento das pessoas que detêm a informação."
- "A empresa não tem um processo de comunicação."

Na análise da GAMA, foi possível perceber que o momento atual de mudanças constantes causa muita instabilidade na organização, que busca intensamente o aumento do desempenho, apesar da pouca qualidade e organização interna, conforme se observa nas citações:

- "A empresa se preocupa mais em produzir do que com qualidade."
- "Os processos internos não são eficientes e provocam desorganização na empresa. Além disso, os processos não são integrados."

Apesar de o nível de qualidade não ser o desejado, a empresa é socialmente responsável, no entanto com "... pouca inovação, devido ao tipo de produto produzido que não favorece a mudança". A empresa tem foco em resultados e realizações, "... mas poderia ser mais". A responsabilidade individual com aceitação de riscos é estimulada. Tendo em vista a forte hierarquização da empresa, a comunicação é filtrada e fica concentrada nos níveis mais elevados de gestão, o que favorece o boato. A empresa tem baixo conflito interno e é vista como diferente (para melhor) quando comparada com outras empresas. O foco atual é muito mais em resultados do que em pessoas, "apesar de acreditar que as pessoas fazem a diferença".

Os demais subgrupos eram pequenos e, por isso, não foram incluídos neste sumário.

Conclusão

A empresa com um ambiente de baixo conflito, com poucas mudanças internas e de produtos, socialmente responsável e com boa reputação procura manter seu foco muito mais nos resultados do que nas pessoas. Entretanto, é estável e procura manter a garantia de emprego mesmo que haja mudanças na economia, como afirmam as citações:

- "Estou há muito tempo na empresa, pois ela não demite. Para ser demitido é preciso fazer algo muito grave."
- "A empresa não demite muito. As pessoas têm muito tempo de empresa. Pode-se não ser promovido, mas não se é demitido."

A empresa inclusive tinha como política recrutar empregados que haviam sido demitidos em momentos de crise. A empresa estava buscando se comunicar com mais intensidade, implantando programas que reduzam o boato interno. O trabalho era muito mais individualizado do que em equipe, na busca contínua de sempre atender aos clientes, às vezes a qualquer custo. Mas para que as coisas acontecessem, dependia-se da responsabilidade individual. Alguns respondentes acreditavam que o individualismo da empresa era uma forma de preservação do emprego. Os empregados, por estarem há muito tempo na empresa, trabalhavam mais individualmente e não transferiam o conhecimento para não perderem o emprego. Isto foi demonstrado no seguinte diálogo entre um empregado novo (que estava aprendendo uma nova atividade) e um mais antigo: "'Como se faz este serviço?' 'Não sei não. Vai ver com outra pessoa. Vai dando o seu jeito.'" A não transmissão do conhecimento no longo prazo pode fazer a empresa perder competitividade.

Para os respondentes, havia pouca organização nos processos de produção, com desperdício de matéria-prima devido à obsolescência dos equipamentos. A inovação era pequena devido ao tipo de produto que era fabricado. A empresa era tradicional na sua forma de gestão, e as mudanças acabavam causando pânico nos empregados que eram, na maioria, antigos. Isso dificultava as mudanças de procedimentos e processos.

Para superar as dificuldades promovidas pelas mudanças ou agilizar as mudanças em curso, ter o conhecimento da cultura organizacional é essencial, pois são os valores que governam os comportamentos. Conhecer os valores organizacionais internalizados possibilita que o gerenciamento da cultura seja realizado para incrementar o desempenho da empresa de forma sustentável, por meio da criação de políticas e práticas organizacionais.

Cuidados com a execução do projeto

Apesar de a integração das pesquisas qualitativa e quantitativa aumentar muito a qualidade do diagnóstico, cabe ressaltar que qualquer projeto pode apresentar resultados incorretos se cuidados não forem tomados durante a sua execução. Desse modo, é importante dar atenção especial a algumas etapas do projeto para evitar resultados inconsistentes.

1. Tamanho da Amostra

A amostra deve ter o tamanho adequado para a população sob análise, a fim de permitir a generalização dos resultados. Também não podem faltar respostas, nem nos questionários

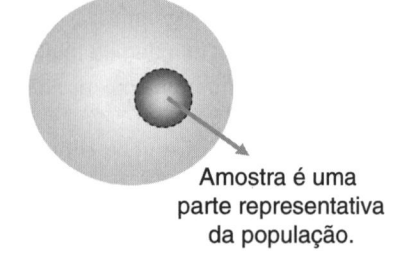

Amostra é uma parte representativa da população.

nem nas entrevistas. É muito comum entrevistar um número menor de participantes da amostra, tendo em vista a impossibilidade de acessá-los ou o cronograma apertado para concluir o projeto no tempo planejado. Esta ação pode beneficiar o cronograma do projeto, mas fatalmente impactará de maneira negativa o seu resultado.

2. Coleta dos Dados

É muito grave não atender às pre-missas dos instrumentos estatísticos. Caso isso ocorra, os resultados estarão comprometidos. Depen-

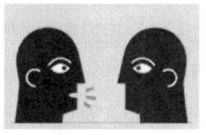 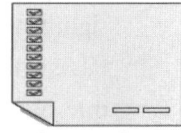

Entrevistas   Questionários

dendo da empresa, muitas vezes a adesão ao projeto é mínima. Para conseguir que os participantes da amostra respondam ao questionário, deve-se utilizar de estratégias de incentivo. Uma sugestão para aumentar a participação é integrar a área de comunicação interna da empresa ao projeto.

3. Período de Coleta dos Dados

Quando o objetivo é também mensurar o desempenho da parceria, o ideal, mas difícil de ser realizado, é efetuar o levantamento dos dados ao longo do tempo (por exemplo, um ou dois anos), a fim de considerar o efeito do tempo no desempenho. Uma

pesquisa longitudinal (ao longo do tempo) é sempre recomendada para mapear o desempenho das parcerias de terceirização ao longo do tempo.[64] Normalmente, os diagnósticos de cultura organizacional são pontuais, ou seja, realizados num único período.

4. Comunicação

A realização de uma pesquisa requer que a comunicação, tanto por parte do entrevistador quanto por parte do entrevistado, seja clara para evitar incompreensões que influenciarão negativamente o resultado do levantamento. O ideal é que a

---

64. LEE, J. e KIM, Y. (2005), op. cit.

aplicação do questionário e a entrevista com cada participante sejam presenciais e ocorram simultaneamente. Assim, reduzem-se as barreiras e as dúvidas e aumenta-se a qualidade da coleta dos dados e, consequentemente, dos resultados.

5. Incompreensão

Muitas vezes, o entrevistado não entende o significado das perguntas, o que pode gerar falsas interpretações. Mesmo considerando que os questionários foram testados, a interpretação de suas variáveis também pode levar a desvios nos resultados, além de uma limitação de resposta em relação ao definido pelo entrevistador. Cada item do questionário ou da entrevista deve ser explicado detalhadamente aos participantes da pesquisa.

6. Influência

Se o entrevistador não estiver atento ao próprio papel, que deve ser de isenção, ele pode influenciar o entrevistado, seja na forma de elaborar as perguntas ou de explicar o preenchimento do questionário. Portanto, é essencial manter-se neutro para que o entrevistado possa responder o que realmente pensa e não o que o entrevistador gostaria de ouvir.

CAPÍTULO 6

Aplicação da metodologia de diagnóstico da cultura organizacional

N o Capítulo 5, o exemplo apresentado descreveu apenas o diagnóstico da cultura organizacional da empresa contratante, para exemplificar a aplicação da metodologia. Neste capítulo, é apresentado um estudo de caso completo, detalhando os resultados e as análises da empresa GAMA e de seus três prestadores de serviços (terceirizados).

Neste exemplo, inicialmente, é feita uma descrição de cada uma das empresas pesquisadas (contratante e contratadas), em seguida os dados demográficos e, depois, as estatísticas descritivas (médias, desvio padrão e distribuições de frequência). Em seguida, são apresentados a Análise da Variância (ANOVA) comparando a contratante com cada contratada; o resultado da Metodologia-Q com a técnica Q-sort que agrupa os respondentes; e a Correlação Canônica, que determina o nível de alinhamento da cultura organizacional da contratante com cada contratada.

Em seguida, é descrita a análise da cultura organizacional de cada empresa, assim como a comparação entre as culturas da contratante com cada uma das contratadas e seu impacto no desempenho dos contratos de prestação de serviços existentes. Finalizando, é apresentada uma análise consolidada do exemplo.

Todos os nomes utilizados neste capítulo são fictícios, conforme apresentado a seguir.

EMPRESAS	CONTRATANTE E CONTRATADA
GAMA	Contratante
ALFA	Contratada da empresa GAMA
BETA	Contratada da empresa GAMA
DELTA	Contratada da empresa GAMA

A análise dos dados é a etapa mais complexa da pesquisa,[1] tendo em vista que "consiste em examinar, categorizar, classificar em tabelas, testar, ou do contrário, recombinar as evidências quantitativas e qualitativas para tratar as proposições"[2] de um projeto.

As anotações de campo devem ser completas,[3] incluindo a codificação de todos os respondentes e das empresas participantes. As citações dos trechos das entrevistas ou dos textos de documentos são uma forma de trazer os participantes da pesquisa para o texto do relatório,[4] com o objetivo de auxiliar o leitor a reelaborar e julgar de forma independente a adequação da análise realizada.[5]

Descrição das empresas

Empresa GAMA (contratante)

A empresa GAMA, fundada em 1900 nos Estados Unidos, foi uma das pioneiras na transformação do aço em produtos manufaturados. Considerada revolucionária para aquela época, a GAMA estabeleceu novos conceitos em produtos siderúrgicos, inovou nos métodos de produção e desenvolvimento organizacional, além de introduzir o conceito de operário participante ao implantar planos de justiça, equidade e humanidade no relacionamento com

---

1. EISENHARDT, K.M. (1989), op. cit.
2. YIN, R.K. *Estudo de Caso: planejamento e métodos*. Porto Alegre: Bookman, 2001:137.
3. EISENHARDT, K.M. (1989), op. cit.
4. DUBÉ, L. e PARÉ, G. Rigor in information systems positivist case research: current practices, trends, and recommendations. MIS Quarterly, vol. 27, n. 4, 2003, pp. 597-635.
5. BENBASAT, I.; GOLDSTEIN, D.K. e MEAD, M. "The Case Research Strategy in Studies of Information Systems". *MIS Quarterly*, vol. 11, n. 3, 1987, pp. 369-386.

seus funcionários. A GAMA tornou-se um modelo de democracia no setor industrial norte-americano.

Em 1913, a GAMA instalava no Rio de Janeiro sua primeira filial fora dos Estados Unidos, para comercializar bueiros feitos com chapas de aço corrugado importadas. Em 1924, passou a produzi-los no Brasil, onde foram destinados a obras de drenagem e saneamento. Em 1947, deixou de importar a matéria-prima, passando a utilizar o aço produzido pela Companhia Siderúrgica Nacional. Em 1958, foi inaugurada no Rio de Janeiro a nova fábrica de produtos de aço para saneamento, construção viária e mineração. Na década de 1980, entrou no mercado agrícola fabricando silos metálicos, secadores, transportadores e equipamentos para armazenagem de grãos.

No início da década de 1990, a GAMA internacional vendeu todas as suas fábricas fora dos Estados Unidos. Nessa operação, a filial brasileira, mantendo o mesmo nome (marca), transformou-se numa sociedade anônima independente.

A empresa GAMA, em operação no Brasil há mais de 94 anos, tem tradição e longa experiência, sobretudo no conceito de visão de futuro, em todas as suas gestões, sempre buscando o desenvolvimento de novos produtos e tecnologias, a qualidade e a confiabilidade junto aos seus clientes.

Em 2007, a GAMA concentrou suas operações no mercado de infraestrutura em quatro unidades de negócios: 1) construção viária, saneamento e mineração; 2) agricultura (armazenagem e transporte de grãos); 3) energia elétrica e telecomunicações; e 4) exportação.

Estas unidades são apoiadas por um Departamento de Engenharia e Projetos e por uma planta industrial com 51.000m² de área fabril, sendo 16.000m² de área coberta, laboratórios e testes. Ali se processam 35.000 toneladas de aço anualmente para a fabricação de produtos e sistemas construtivos destinados ao mercado interno e à exportação, sendo alguns destes produtos líderes de mercado.

A GAMA investe, permanentemente, expressivos recursos em tecnologias de projeto e produção, em programas de qualidade, no treinamento de engenheiros e técnicos, assim como na sua especialização nos mercados em que operava. Em 2003, com a ampliação do seu parque fabril e a inauguração da segunda unidade de galvanização por imersão a quente, transformou suas instalações de galvanização em uma das maiores do país, a fim de atender às próprias necessidades, além de estender o serviço a terceiros.

Em 2004, com a informatização de todos os setores da empresa e a adoção de novas técnicas de gestão, tornou o atendimento às solicitações dos clientes mais ágeis, rápidas e seguras.

Em 2007, transformada em Sociedade Anônima, com o apoio do Banco Nacional de Desenvolvimento, a GAMA começou a expandir suas operações para atender à demanda gerada pelos crescentes investimentos em infraestrutura no país e na América Latina, bem como para enfrentar os desafios da competição globalizada.

Empresa ALFA (contratada)

A empresa ALFA iniciou suas atividades nos Estados Unidos em 1968 e foi fundada por um jovem estudante da Universidade de Oklahoma que trabalhava como auditor noturno num dos hotéis da rede Holiday Inn para garantir um dinheiro extra.

O jovem empreendedor percebeu que o negócio de limpeza era essencial não só para hotéis e que havia carência na oferta deste tipo de serviço. Começou, então, a comercializar serviços de limpeza durante o dia e, à noite, ele e seus amigos limpavam os prédios. Menos de um ano depois, os jovens empreendedores transformaram esse serviço de meio período numa carreira e fundaram a ALFA.

Na década de 1970, a ALFA começou a utilizar o sistema de *franchising* para expandir sua rede e se diferenciou oferecendo ao franqueado um cliente inicial. Em 1976, o escritório central foi transferido para Dallas, no Texas.

Na década de 1980, a ALFA iniciou seu crescimento internacional a partir do Canadá. Na década de 1990, o crescimento foi surpreendente, nacional e internacionalmente. Ocorreu a expansão para países como Brasil, Austrália, Argentina, França, Inglaterra, México, Cingapura, Espanha e Turquia.

Em 2007, existiam mais de 10 mil franqueados em 20 países, incluindo o Brasil. A ALFA liderava globalmente os serviços de limpeza comercial com franqueados.

A empresa operava com uma uma rede de franqueados cujo sucesso era diretamente vinculado à satisfação dos clientes a que atendiam, assegurando, assim, uma dedicação especial ao serviço executado, porque, com ele, a empresa podia oferecer um profissional realmente motivado e empenhado em executar serviços de alta qualidade.

No Brasil, a ALFA possuía diversos franqueados. O pessoal próprio fornecia treinamento, consultoria e assistência operacional aos franqueados, garantindo que eles tivessem sempre o *know-how*, a equipe, os produtos e a qualificação necessários para desempenhar os serviços de manutenção e limpeza.

A ALFA buscava prestar serviços de forma inigualável na indústria de limpeza, bem como desenvolver uma organização que estimulasse todas as pessoas a prosperar e crescer.

Eram seus valores explícitos: ética, confiabilidade e transparência nas ações; agilidade e flexibilidade quando preciso; comprometimento com os franqueados, os clientes, os colaboradores, o meio ambiente e com a responsabilidade social.

Empresa BETA (contratada)

A empresa BETA era uma companhia do segmento de serviços de alimentação presente há 30 anos no Brasil. Oferecia soluções de alimentação especializadas para empresas, hospitais, escolas, aeroportos, terminais rodoviários e locais distantes de centros urbanos. A empresa instalava e gerenciava restaurantes empresariais.

Sua missão era oferecer ao mercado as melhores soluções em serviços de alimentação, contribuindo para a qualidade de vida e o bem-estar das pessoas. Para a empresa, o melhor resultado do serviço era sempre obtido por meio das equipes bem treinadas e motivadas e da promoção do melhor serviço.

Os seus valores explícitos eram: poder fazer (alcançar resultados ótimos mediante uma atitude positiva de "dá para ser feito"); encorajar o estilo empreendedor sem medo de riscos e mudanças; tirar proveito das diferenças (reconhecer e dar valor às diferenças dos clientes e funcionários); compartilhar o sucesso (reconhecer, recompensar e compartilhar o bom desempenho); qualidade (ações que vão ao encontro das necessidades dos clientes); trabalho em equipe (o sucesso depende das equipes, do mútuo respeito nas relações e da colaboração).

A empresa acreditava que suas atividades, produtos e serviços, dedicados ao gerenciamento do fornecimento de refeições coletivas, deviam estar em harmonia com o meio ambiente, contribuindo para o desenvolvimento sustentável.

Empresa DELTA (contratada)

A empresa DELTA, fundada em 1967, atuava no segmento de segurança patrimonial. Tendo como princípios a qualidade e o profissionalismo, a empresa planejava, treinava e atendia todos os seus clientes 24 horas por dia.

A empresa era especialista no segmento em que atuava. Possuía uma escola de especialização em segurança na qual realizava cursos internos e externos na área de segurança e, especificamente, nas próprias áreas vigiadas (clientes).

Além de atuar no segmento de segurança patrimonial, a empresa DELTA operava também em serviços de limpeza, serviços gerais e apoio administrativo, além de projetos de segurança eletrônica.

A empresa buscava atuar com responsabilidade social, mantendo ações sociais que atendem a instituições e comunidades carentes.

Dados demográficos das empresas

Para o cálculo de tamanho de amostras (Quadro 6.1) para uma população finita, foi utilizada a fórmula de Rea e Parker.[6] Para as empresas contratantes, o nível de confiança foi de 95%, com margem de erro de 15%, e para as empresas contratadas, esse percentual foi de 90%, com margem de erro variando entre 8% e 14%.[7] As informações da amostra referentes ao gênero, ao tempo de serviço e ao nível hierárquico são apresentadas nos Quadros 6.2 a 6.4.

---

6. REA, L.M. e PARKER, R.A. (1997), op. cit.

7. Para a análise da consistência interna das variáveis foi aplicada a medida de confiabilidade alfa de Cronback, que resultou em 0,909.

Quadro 6.1 Amostra

EMPRESA	POPULAÇÃO	AMOSTRA	DESCARTADOS	UTILIZADOS
GAMA	228	68	11	57
ALFA	50	36	4	32
BETA	1050	36	1	35
DELTA	380	36	5	31

Quadro 6.2 Gênero

EMPRESA	MASCULINO	FEMININO	TOTAL
GAMA	51	6	57
ALFA	ND	ND	32
BETA	ND	ND	35
DELTA	31	Zero	31

ND = Não disponível

Quadro 6.3 Tempo de Serviço

EMPRESA	ATÉ 5 ANOS	DE 6 A 10 ANOS	DE 11 A 15 ANOS	DE 16 A 20 ANOS	MAIS DE 21 ANOS	TOTAL
GAMA	16	19	12	9	1	57
ALFA	ND	ND	ND	ND	ND	32
BETA	ND	ND	ND	ND	ND	35
DELTA	ND	ND	ND	ND	ND	31

ND = Não disponível

Quadro 6.4 Nível Hierárquico

EMPRESA	LIDERANÇA	OPERACIONAL	TOTAL
GAMA	12	45	57
ALFA	1	31	32
BETA	1	34	35
DELTA	1	30	31

Dados da cultura – estatísticas

Estatística descritiva

A estatística descritiva, incluindo a média, o desvio padrão e as distribuições de frequência, foi calculada para as variáveis do Organizational Culture Profile (OCP) revisado para a contratante e as contratadas.

As médias dos fatores estão apresentadas nas Figuras 6.1 a 6.4, para a contratante e as contratadas, respectivamente.

Figura 6.1 Empresa GAMA – Média dos Valores

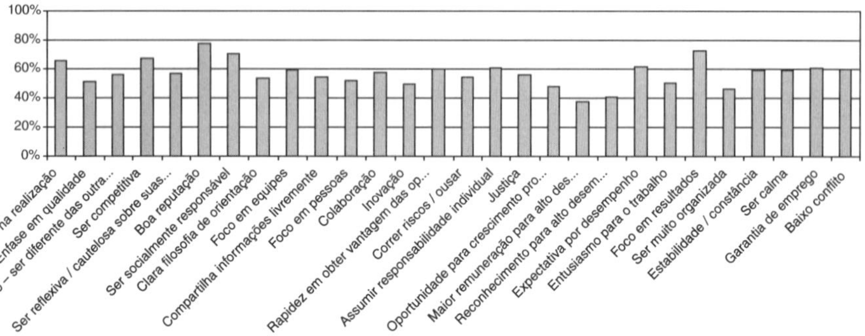

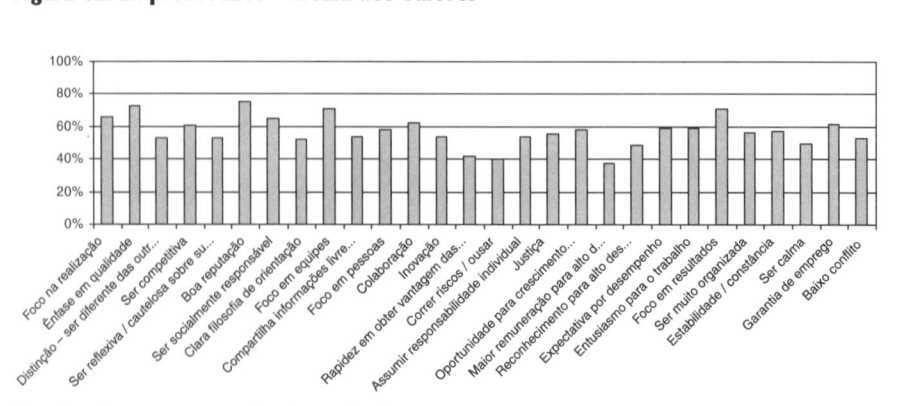

Nota: Os valores encontram-se descritos no Quadro 1.1.

Figura 6.2 Empresa ALFA – Média dos Valores

Nota: Os valores encontram-se descritos no Quadro 1.1.

Figura 6.3 Empresa BETA – Média dos Valores

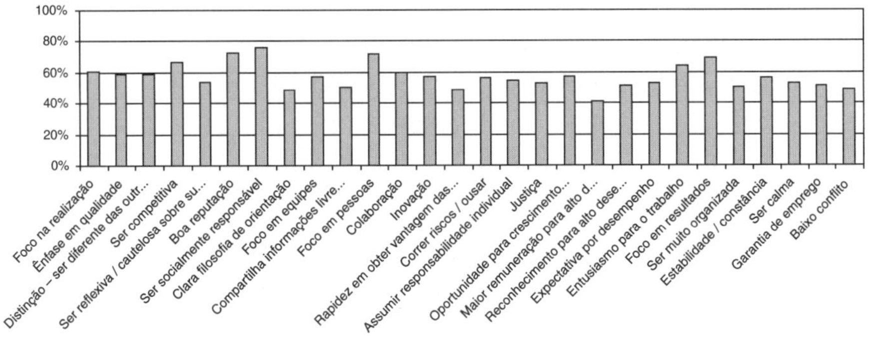

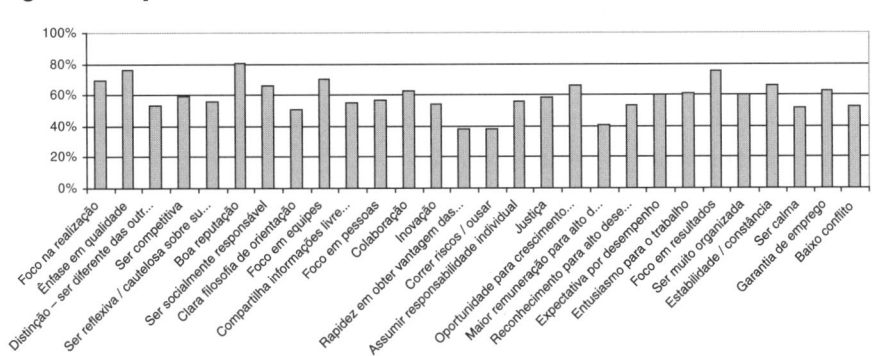

Nota: Os valores encontram-se descritos no Quadro 1.1.

Figura 6.4 Empresa DELTA – Média dos Valores

Nota: Os valores encontram-se descritos no Quadro 1.1.

Análise da variância (ANOVA)

Mais de 60% de todos os valores não apresentam diferenças entre a média da empresa contratante e a média de cada uma das empresas contratadas.[8] Os valores com as maiores diferenças são:

---

8. Os valores com diferenças nas médias, de acordo com a análise da ANOVA, são estatisticamente significantes (p-value <.05) em 9 dos 28 valores entre as empresas GAMA e ALFA, em 9 dos 28 valores entre as empresas GAMA e BETA, e em 11 dos 28 valores entre as empresas GAMA e DELTA, respectivamente.

- Entre as empresas GAMA e ALFA: Qualidade, Foco em Equipe, Obter Vantagem, Correr Riscos, Crescimento Profissional, Entusiasmo para o Trabalho, Ser Organizada e Ser Calma.
- Entre as empresas GAMA e BETA: Qualidade, Foco em Pessoas, Obter Vantagem, Crescimento Profissional, Reconhecimento por Desempenho, Expectativa por Desempenho, Entusiasmo para o Trabalho, Garantia de Emprego e Baixo Conflito.
- Entre as empresas GAMA e DELTA: Qualidade, Ser Competitiva, Foco em Equipe, Obter Vantagem das Oportunidades, Correr Riscos, Oportunidade para Crescimento Profissional, Reconhecimento por Desempenho, Entusiasmo para o Trabalho, Ser Organizada, Ser Calma e Baixo Conflito.

A estatística descritiva, incluindo a média, o desvio padrão e as distribuições de frequência, foi calculada para os fatores (valores consolidados) do OCP revisado para a contratante e as contratadas.

As médias dos fatores estão apresentadas nas Figuras 6.5 a 6.8, para a contratante e as contratadas, respectivamente.

Figura 6.5 Empresa GAMA – Média dos Fatores

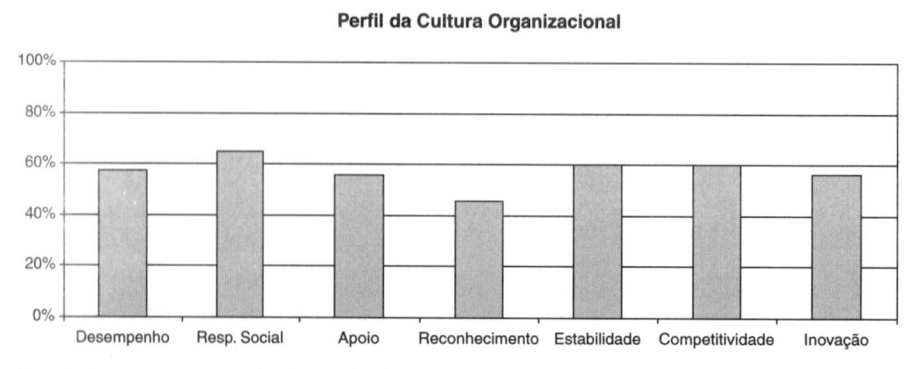

Nota: Os fatores encontram-se descritos no Quadro 1.1.

Figura 6.6 Empresa ALFA – Média dos Fatores

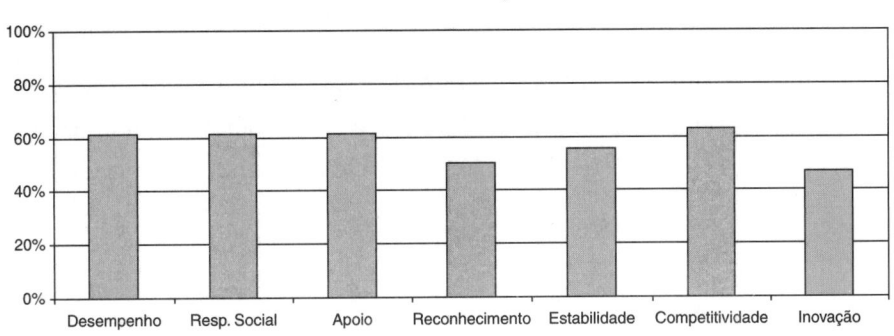

Nota: Os fatores encontram-se descritos no Quadro 1.1.

Figura 6.7 Empresa BETA – Média dos Fatores

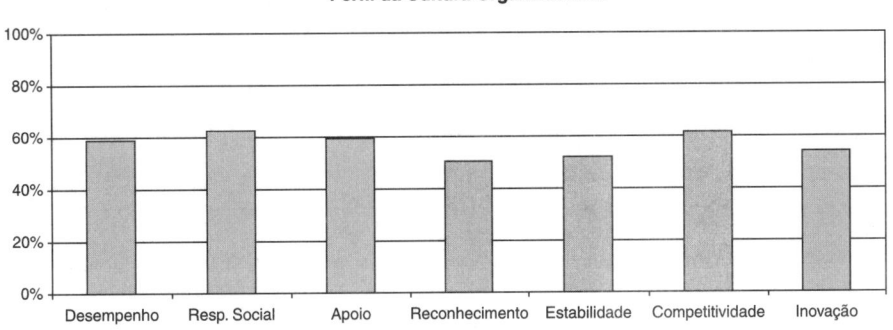

Nota: Os fatores encontram-se descritos no Quadro 1.1.

Figura 6.8 Empresa DELTA – Média dos Fatores

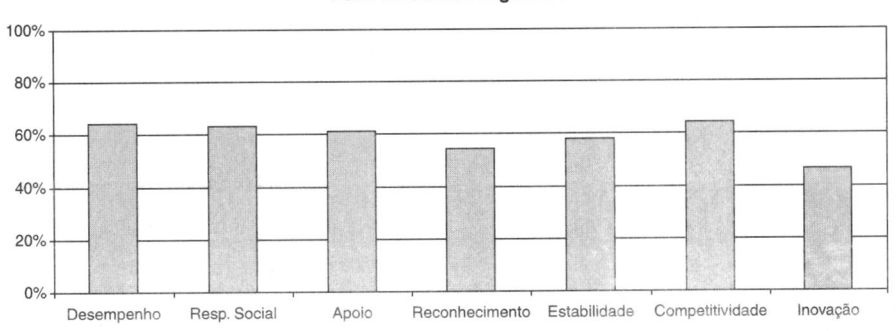

Nota: Os fatores encontram-se descritos no Quadro 1.1.

Em média, mais de 40% de todos os fatores são iguais entre a empresa contratante e cada uma das empresas contratadas.[9] Os fatores com as maiores diferenças são:

- Entre as empresas GAMA e ALFA: Desempenho, Apoio e Inovação.
- Entre as empresas GAMA e BETA: Reconhecimento e Estabilidade.
- Entre as empresas GAMA e DELTA: Desempenho, Reconhecimento e Inovação.

Correlação de Pearson

Para calcular e determinar a força do relacionamento entre os fatores do OCP revisado de cada empresa, foi analisado o resultado da Correlação de Pearson.[10] Os coeficientes significantes extraídos estão apresentados no Quadro 6.5.

Nas empresas GAMA e BETA, as correlações são negativas e significantes, mas o relacionamento não é forte (< 0,600). Nas empresas ALFA e DELTA, as correlações são negativas e significantes, exceto uma, mas o relacionamento também não é forte. Dessa forma, apesar de existir relacionamento entre os valores de cada empresa, ele não é perfeito.

---

9. Os fatores com diferenças nas médias, de acordo com a análise da ANOVA, são estatisticamente significantes (p-value <.05) em 3 dos 7 fatores entre as empresas GAMA e ALFA; em 2 dos 7 fatores entre as empresas GAMA e BETA; e em 3 dos 7 fatores entre as empresas GAMA e DELTA, respectivamente.

10. Na empresa GAMA, os coeficientes são todos negativos. Isso demonstra que, quando um dos fatores aumenta, o outro diminui. Entretanto, a despeito de todos os coeficientes serem significantes (têm alta probabilidade), o relacionamento não é forte. O coeficiente de aproximadamente 0,300 corresponde a menos da metade do que poderia ser um coeficiente forte (>0,600). Dessa maneira, o relacionamento não é perfeito (coeficiente = 1). Na empresa ALFA, os coeficientes são todos negativos, exceto um. Entretanto, a despeito de todos os coeficientes serem significantes (têm alta probabilidade), o relacionamento não é forte. Os coeficientes variaram de -0,364 a -0,476. Apesar de significantes, os coeficientes, positivos e negativos, não são fortes (>0,600). Dessa maneira, o relacionamento não é perfeito (coeficiente = 1). Na empresa BETA, os coeficientes são todos negativos. Entretanto, a despeito de todos os coeficientes serem significantes (têm alta probabilidade), o relacionamento não é forte. Os coeficientes variaram de -0,383 a -0,449. Apesar de significantes, os coeficientes, positivos e negativos, não são fortes (>0,600). Dessa maneira, o relacionamento não é perfeito (um coeficiente de 1). Na empresa DELTA, os coeficientes são todos negativos, exceto um. Entretanto, a despeito de todos os coeficientes serem significantes (têm alta probabilidade), o relacionamento não é forte. Os coeficientes variaram de -0,371 a -0,4660. Apesar de significantes, os coeficientes, positivos e negativos, não são fortes (> 0,600). Dessa maneira, o relacionamento não é perfeito (coeficiente = 1).

Quadro 6.5 Coeficientes dos Fatores Correlacionados Positiva e Negativamente

EMPRESA	VALORES	CORRELAÇÃO
GAMA	Desempenho e Estabilidade	-0,322*
	Responsabilidade Social e Inovação	-0,417**
	Apoio e Inovação	-0,300*
	Reconhecimento e Estabilidade	-0,371**
ALFA	Desempenho e Reconhecimento	0,427*
	Responsabilidade Social e Reconhecimento	-0,405*
	Responsabilidade Social e Inovação	-0,412*
	Apoio e Estabilidade	-0,364*
	Estabilidade e Competitividade	-0,449**
	Estabilidade e Inovação	-0,444*
	Competitividade e Inovação	-0,476**
BETA	Desempenho e Responsabilidade Social	-0,383*
	Apoio e Competitividade	-0,430**
	Reconhecimento e Inovação	-0,449**
DELTA	Desempenho e Reconhecimento	0,449*
	Desempenho e Competitividade	-0,371*
	Responsabilidade Social e Reconhecimento	-0,493**
	Responsabilidade Social e Inovação	-0,460**
	Apoio e Estabilidade	-0,371*
	Estabilidade e Competitividade	-0,386*

*A correlação é significante no nível de 0,05
**A correlação é significante no nível de 0,01

Metodologia-Q e Técnica Q-sort

A técnica Q-sort determina os agrupamentos (*clusters*) de respondentes muito correlacionados, permitindo identificá-los.

Essa técnica resultou em diferentes agrupamentos dependendo da empresa. Para a GAMA e a ALFA, foram nove e, para a BETA e a DELTA, foram oito. O Quadro 6.6 mostra os principais agrupamentos, de um até cinco, apresentados para cada empresa.

Quadro 6.6 Agrupamentos por Empresa

	GAMA	ALFA	BETA	DELTA
1	Baixo conflito, Calma, Socialmente responsável e Boa reputação.	Foco em resultados, Oportunidade para crescimento profissional, Estabilidade e Garantia de emprego.	Compartilha informação, Corre riscos, Reconhecimento para alto desempenho e Garantia de emprego.	Estabilidade, Ser socialmente responsável, Boa reputação e Qualidade.
2	Foco em resultados, Rapidez em obter vantagem, Socialmente responsável e Boa reputação.	Calma, Clara filosofia de orientação, Maior remuneração para alto desempenho e Estabilidade.	Ser socialmente responsável, Qualidade, Ser competitiva e Boa reputação.	Baixo conflito, Correr riscos, Rapidez em obter vantagens das oportunidades e Inovação.
3	Boa reputação, Correr riscos, Estabilidade e Garantia de emprego.	Clara filosofia de orientação, Ser socialmente responsável, Foco em pessoas, Rapidez em obter vantagens.	Baixo conflito, Inovação, Maior remuneração para alto desempenho e Ser calma.	Clara filosofia de orientação, Ser socialmente responsável, Rapidez em obter vantagem das oportunidades e Justiça.
4	Estabilidade, Compartilha informações, Foco em resultados e Garantia de emprego.	Foco em equipes, Foco em realização, Boa reputação e Foco em resultados.	Ser calma, Garantia de emprego, Organizada e Qualidade.	Oportunidade para crescimento profissional, Organizada, Entusiasmo para o trabalho e Expectativa por desempenho.
5	Justiça, Compartilha informações, Colaboração, Baixo conflito.	Foco em resultados, Reflexiva, Rapidez em obter vantagem e Boa reputação.	Maior remuneração para alto desempenho, Garantia de emprego, Reconhecimento para alto desempenho e Rapidez em obter vantagem.	Inovação, Boa reputação, Oportunidade para crescimento profissional e Foco em equipes.

Correlação canônica

A análise da Correlação Canônica é uma técnica estatística que provê os meios de identificar associações entre grupos de variáveis. O objetivo é mensurar o relacionamento entre dois grupos de variáveis. A técnica provê informação sobre o alinhamento dos valores entre duas empresas.[11]

Os resultados demonstraram que o relacionamento, para cada par de empresas (contratante e contratada), é não congruente (Quadro 6.7).

Quadro 6.7 Resultado da Correlação Canônica por Empresa

EMPRESAS	LINEAR	VARIÂNCIA EXPLICADA R^2_c (CORRELAÇÃO CANÔNICA)	P-VALUE	REDUNDÂNCIA EXPLICADA[12]	CONGRUÊNCIA
GAMA e ALFA	sim	0,808	0,165	0,184	não
GAMA e BETA	sim	0,654	0,628	0,094	não
GAMA e DELTA	sim	0,783	0,323	0,160	não

Os resultados deixam claro que não existe congruência entre a contratante (GAMA) e cada uma das empresas contratadas. Entretanto, mesmo que algumas das equações tenham sido consideradas válidas, como os resultados são estatisticamente não significantes (p-value >0,05), a possível congruência foi descartada.

Dados do desempenho

As avaliações do desempenho feitas pelos gestores dos contratos da contratante apresentaram os resultados descritos no Quadro 6.8.

---

11. Foram comparados os fatores do OCP revisado de cada empresa (contratante e contratada). O teste multivariado Lambda de Wilks foi aplicado e indica se a função canônica é significante no nível de significância de 0,05.
12. Redundância explicada pela variação canônica oposta. O índice de redundância demonstra o percentual da variação do grupo dependente que pode ser explicado pelas variáveis independentes escolhidas. Um baixo índice (<0,30) demonstra que a função não tem significância prática, mesmo se estatisticamente significante, devendo ser descartada.

Quadro 6.8 Avaliações de Desempenho – Contratante

PERGUNTA	GESTOR CONTRATANTE		
	ALFA	BETA	DELTA
1. A empresa contratada tem contribuído para que a GAMA possa focar mais na sua atividade-fim.	3	3	3
2. A empresa contratada tem contribuído para que a GAMA aumente a sua competência (ou conhecimento) no serviço terceirizado.	2	2	2
3. A empresa contratada tem contribuído para que a GAMA aumente o acesso a profissionais especializados.	3	2	2
4. A empresa contratada tem contribuído para que a GAMA melhore a economia de escala em recursos humanos.	2	3	3
5. A empresa contratada tem contribuído para que a GAMA melhore a economia de escala em recursos tecnológicos (ou técnicos).	1	1	1
6. A empresa contratada tem contribuído para que a GAMA aumente o controle dos custos das despesas do serviço terceirizado.	3	3	2
7. A empresa contratada tem contribuído para que a GAMA reduza o risco de obsolescência tecnológica (ou técnica).	2	2	3
8. A empresa contratada tem contribuído para que a GAMA aumente o acesso a informações importantes (referentes à atividade terceirizada).	3	3	3
9. A GAMA está satisfeita com os benefícios provenientes da terceirização realizada com a empresa contratada.	3	3	3
10. A empresa contratada permite à GAMA saber o mais rápido possível sobre qualquer problema decorrente da prestação do serviço.	3	3	3
11. O nível de confiança da GAMA no relacionamento de trabalho com a empresa contratada é muito alto.	3	2	3
12. A GAMA e a empresa contratada se ajudam mutuamente com referência a qualquer demanda (ou problema) que se apresente.	3	3	2
13. O relacionamento de trabalho da GAMA com a empresa contratada tem sido excelente.	3	3	3
MÉDIA	2,62	2,54	2,54

Análise da cultura organizacional

Empresa GAMA

Com base nos resultados apresentados para a empresa GAMA, forma-ram-se subgrupos (subculturas) com valores percebidos pelos participantes da pesquisa como muito ou pouco presentes na empresa (ver Quadro 6.6). O maior subgrupo da GAMA era composto por 14 funcionários que percebiam como valores mais presentes o foco em resultados, a boa reputação, a rapidez em obter vantagem das oportunidades e ser socialmente responsável. Em contraposição, este mesmo subgrupo não percebia na empresa a existência de reconhecimento para alto desempenho, a oportunidade para crescimento profissional e a maior remuneração para alto desempenho (Figura 6.9).

Figura 6.9 Valores – Empresa GAMA – Grupo B

Este subgrupo era formado exclusivamente por homens que trabalhavam no operacional da empresa e tinham, em sua maioria, mais de cinco anos de serviço, além de uma visão bastante forte de que a empresa valorizava os resultados e tinha boa reputação no mercado com ênfase na responsabilidade social, conforme podemos observar nas citações:

- "Muito ligada em resultados"
- "Tudo está ligado à produção e venda."
- "É a realidade da empresa: bater metas."
- "Cobra muito resultado."
- "Ter produção para ter resultado. Muita cobrança."
- "Tem mais de 90 anos no mercado e criou um nome."

Em contrapartida, foi apontado pelos respondentes que a empresa não revertia os resultados para os seus funcionários, conforme citado:

- "Busca a qualquer custo alcançar os resultados, ainda que para isso deva agir de forma que impacte negativamente os empregados."
- "É muito difícil crescer na empresa."

O segundo subgrupo da GAMA tinha nove respondentes. Para eles, os valores mais presentes na empresa eram boa reputação e garantia de emprego; por outro lado, os menos presentes eram organização, reconhecimento para alto desempenho e maior remuneração para alto desempenho (Figura 6.10). Apesar de os valores mais importantes para este subgrupo serem diferentes dos do subgrupo anterior, os percebidos como menos presentes são bastante semelhantes.

Figura 6.10 Valores – Empresa GAMA – Grupo C

Este subgrupo, também formado exclusivamente por homens, difere do anterior por apresentar profissionais da área administrativa e de produção e, mais importante, dois dos principais gestores da empresa. Todos tinham mais de cinco anos de serviço, além de uma visão muito positiva da boa reputação da empresa e da garantia de emprego (estabilidade), conforme podemos observar nas citações:

- "A empresa se destaca no mercado. Mantém as contas em dia. É sólida e não está envolvida em escândalos."
- "A empresa trabalha com exportação, tem uma empresa na Argentina e recentemente renovou um contrato de exportação."
- "É uma boa empresa. É pontual, paga em dia."
- "A empresa tem um bom ambiente de trabalho, dá condições de trabalhar."

O principal valor não percebido por este subgrupo é a organização, como podemos atestar nas citações:

- "Não é organizada."
- "Muitas vezes há conflito entre os gestores da empresa (industrial e administração), pois não estão alinhados. Há falta de integração que dificulta a organização da empresa."
- "Existe muito retrabalho. As programações de produção são muitas vezes refeitas."
- "Falta alguém para administrar a empresa e as equipes."

Quanto aos valores não percebidos por este subgrupo, semelhantes ao subgrupo A, foram apontados o reconhecimento para alto desempenho e a maior remuneração para alto desempenho. As citações pontuaram o seguinte:

- "Existem muitos profissionais competentes na empresa que não são aproveitados. Muitos têm saído por falta de reconhecimento."
- "Quando um profissional adquire uma nova habilidade, ele não tem oportunidade em outra área. As pessoas ficam muito tempo fazendo a mesma coisa."

- "Os profissionais estão sempre trabalhando muito e não recebem reconhecimento."
- "Não reconhecem o desempenho."

Como é possível verificar, os escores dos fatores normalizados e as cargas dos fatores permitem a identificação da medida de importância atrelada de cada fator aos valores agrupados na escala usada na técnica Q-sort.

Por último, cabe apresentar o subgrupo que contém a representação da direção da empresa, composto por quatro respondentes. Para eles, os valores mais presentes na empresa eram maior remuneração para alto desempenho, assumir responsabilidade individual e compartilhar informações livremente. E, em menor grau de importância, correr riscos, expectativa por desempenho, reconhecimento para alto desempenho e foco em pessoas. O valor menos presente era foco em equipes (Figura 6.11). Apesar de este subgrupo não ser tão numeroso quando comparado com os demais, ele é representativo em razão da importância de seus membros.

Figura 6.11 Valores – Empresa GAMA – Grupo F

A forma de pensar deste grupo privilegia o trabalho individual, empreendedor, de fazer as coisas, como se pode observar nas citações:

- "Assumir responsabilidade individual significa que cada indivíduo tem de assumir suas responsabilidades para que as coisas aconteçam. A empresa espera que os indivíduos realizem suas tarefas."
- "A empresa está sempre aberta ao diálogo."

Além disso, a percepção da direção da empresa é de que a comunicação é transparente e os funcionários mais produtivos são mais bem remunerados. A percepção dos operários, no entanto, é contrária, como relatam as citações:

- "Não há política de cargos e salários."
- "Quando as decisões são tomadas começam os boatos."
- "Os boatos ocorrem por falta de comprometimento das pessoas que detêm a informação."
- "A empresa não tem um processo de comunicação."

Consolidando a análise da empresa GAMA, foi possível perceber que o momento atual de mudanças constantes causa muita instabilidade na organização, que busca intensamente o aumento do desempenho, apesar da pouca qualidade e organização interna, conforme se observa nas citações:

- "A empresa se preocupa mais em produzir do que com qualidade."
- "Os processos internos não são eficientes e provocam desorganização na empresa. Além disso, os processos não são integrados."

Apesar de o nível de qualidade não ser o desejado, a empresa é socialmente responsável, no entanto com "(...) pouca inovação, devido ao tipo de produto produzido que não favorece a mudança". A empresa tem foco em resultados e realizações, "(...) mas poderia ser mais". A responsabilidade individual com aceitação de riscos é estimulada. Em virtude da forte hierarquização da empresa, a comunicação é filtrada e fica concentrada nos níveis mais elevados de gestão, o que favorece o boato. A empresa tem baixo conflito interno e é vista como diferente (para melhor) quando comparada com outras. O foco atual é muito mais em resultados do que em pessoas, "apesar de acreditar que as pessoas fazem a diferença".

Empresa ALFA

Os resultados da empresa ALFA apresentaram três subgrupos, totalizando 10 participantes como sendo os mais coesos. O primeiro subgrupo de funcionários percebia como valores mais presentes na empresa o foco em resultados, a oportunidade de crescimento profissional e a estabilidade. Em contraposição, este mesmo subgrupo percebia que a empresa não tinha valores menos presentes, tais como: correr riscos, distinção (ser diferente das demais empresas) e assumir riscos individualmente (Figura 6.12).

Figura 6.12 Valores – Empresa ALFA – Grupo A

O segundo subgrupo percebia como valores organizacionais ser calma, maior remuneração para alto desempenho e estabilidade. Por outro lado, não percebia a rapidez em obter vantagem das oportunidades de mercado, o foco em equipes e a inovação (Figura 6.13). Com exceção do gestor do contrato, todos os demais respondentes pertenciam à produção e administração da empresa. A principal percepção deste subgrupo foi a estabilidade interna da empresa, conforme observado pelo entrevistado: "A rotatividade da empresa é baixa."

O fato de a empresa ser uma franquia talvez propicie a este subgrupo de funcionários a percepção de que não havia inovação.

Figura 6.13 Valores – Empresa ALFA – Grupo B

O terceiro subgrupo da ALFA respondeu que os valores mais presentes eram a clara filosofia de orientação e ser socialmente responsável. Os valores menos presentes eram assumir responsabilidade individual e o foco em resultados (Figura 6.14). Apesar de os valores mais importantes para este subgrupo serem diferentes dos do subgrupo anterior, os percebidos como menos presentes são bastante semelhantes.

Resgatando os valores explícitos da empresa ALFA (ética, confiabilidade, transparência, agilidade, flexibilidade, comprometimento e responsabilidade social), fica claro que os valores efetivamente internalizados pelos respondentes (consolidados) são: ser muito organizada, foco em pessoas, ser calma, ter estabilidade e clara filosofia de orientação. O comprometimento divulgado parece estar sendo percebido pelos empregados; entretanto, a responsabilidade social, a flexibilidade e a transparência estão distantes dessa percepção. Segundo o gestor do contrato da ALFA, "os funcionários não buscam informações, não tiram dúvidas."

Figura 6.14 Valores – Empresa ALFA – Grupo C

    Concluindo, a empresa ALFA busca continuamente manter seu foco nos resultados com trabalho em equipe. Isso parece ser intuitivo numa franquia de limpeza predial. O negócio deve dar resultado, e o trabalho em equipe é essencial. Entretanto, o conflito está presente. Apesar disso, é uma empresa percebida como de boa reputação – pois é um grande franqueador –, que busca remunerar e reconhecer de acordo com o desempenho. No geral, tem foco em pessoas e é motivadora (entusiasmo para o trabalho). Por fim, busca ser distinta das demais empresas, oferecendo oportunidade de crescimento profissional.

Empresa BETA

    Os resultados da empresa BETA apresentaram três subgrupos, totalizando 14 participantes como sendo os mais coesos. O primeiro subgrupo de funcionários percebia como valores: ser socialmente responsável, ser competitiva e ter boa reputação. Como valores menos percebidos: maior remuneração para alto desempenho e estabilidade (Figura 6.15), como reportam as citações:

Figura 6.15 Valores – Empresa BETA – Grupo B

- "É socialmente responsável, paga insalubridade e outros benefícios, o que outras empresas não fazem."
- "É uma empresa boa. Paga o salário em dia. Ouço falar bem dela. Tem bom ambiente de trabalho."

O segundo subgrupo de respondentes percebe como valores mais presentes na empresa o baixo conflito, a inovação e que a empresa é calma. Como valores menos percebidos: boa reputação, entusiasmo para o trabalho e foco em pessoas (Figura 6.16).

A percepção deste subgrupo é oposta à do primeiro quanto ao valor boa reputação. Na realidade, o subgrupo B é praticamente o único que teve a percepção positiva desse valor. Exceto pelo valor foco em pessoas, o menos percebido por todos os respondentes, conforme citação, o valor boa reputação foi muito pouco percebido.

- "A distribuição do trabalho não é correta. Há sobrecarga de trabalho, mais para uns do que para outros."
- "Muitas vezes, tenta-se desenvolver o máximo de desempenho e qualidade e não há preocupação com as pessoas."

Figura 6.16 Valores – Empresa BETA – Grupo C

O terceiro subgrupo percebe os valores mais presentes da empresa como sendo: maior remuneração para alto desempenho, reconhecimento para alto desempenho e garantia de emprego. E, os menos presentes, como: foco em pessoas, foco em resultados e ser socialmente responsável (Figura 6.17). As citações refletem tais percepções:

- "A empresa sempre valorizou a relação de trabalho de longo prazo, mas não tem valorizado os empregados."
- "Talvez nosso foco seja mais em objetivos do que em resultados."

Este subgrupo apresentou percepção contrária à do subgrupo B. Um acredita que a empresa é socialmente responsável, ao passo que o outro, não. Na realidade, a empresa possui uma política de preservação do meio ambiente explícita e divulgada. Entretanto, ainda que não detectado nesta pesquisa, é possível que algumas práticas estejam contrariando as políticas da empresa. Ou mesmo que as práticas existentes não estejam sendo comunicadas. Por certo, a comunicação não é um valor muito presente para a maioria dos subgrupos, como exemplificado por um entrevistado: "A informação normalmente é mantida como um segredo. A informação não é comunicada diretamente às pessoas."

Figura 6.17 Valores – Empresa BETA – Grupo F

Concluindo, a empresa BETA tem os subgrupos equilibrados, cada um tendendo para um conjunto de valores. É o caso dos valores ser socialmente responsável, reconhecimento para alto desempenho e maior remuneração para alto desempenho. Nesse sentido, há subgrupos que consideram esses valores os mais importantes da empresa, ao passo que há outros que acreditam serem os menos importantes.

Apesar de os valores terem sido apresentados numa ordem de importância na Análise de Fator, a Metodologia-Q, para esta empresa, apresentou uma ordem um pouco diferente. Isso pode ter sido causado pelo método adotado por cada uma das técnicas ou pelo fato de a amostra coletada ter sido inadequada.

Ainda assim, é uma empresa que apresenta a garantia de emprego, a ênfase na qualidade e a inovação como pilares organizacionais. Por outro lado, se afasta dos valores distinção (que foi um consenso entre todos os subgrupos), responsabilidade individual e foco em resultados.

Por fim, ao analisarmos os valores explícitos da empresa (poder fazer; empreendedorismo sem medo de riscos e mudanças; diversidade; compartilhar o sucesso; qualidade e trabalho em equipe), pode-se inferir que os empregados não percebem o valor empreendedorismo, pois o trabalho é muito mais em equipe do que individual, e correr riscos não é um valor praticado, como observado nas citações:

- "A aversão ao risco sempre esteve presente e está representada em todos os processos."
- "Existem regras rígidas quanto a tomar decisões que ponham em risco a empresa, principalmente quando o risco é perder um cliente."

Empresa DELTA

Com base nos resultados apresentados para a empresa DELTA, formaram-se oito subgrupos em função dos valores percebidos pelos participantes da pesquisa. O maior e mais importante subgrupo da DELTA era composto por 11 funcionários que percebiam como valores mais presentes a estabilidade, a boa reputação, a qualidade e ser socialmente responsável. Em contraposição, este mesmo subgrupo não percebia na empresa a existência dos valores inovação, correr riscos, rapidez em obter vantagem no mercado e maior remuneração para alto desempenho (Figura 6.18), como enfatizado nas citações:

- "A empresa é reconhecida por ter uma boa reputação, graças ao seu comprometimento com os clientes."

Figura 6.18 Valores – Empresa DELTA – Grupo A

- "A empresa foi selecionada pela ONU para proteger os bens e as pessoas presentes no evento The 92 Global Forum (Eco 92)."

O segundo subgrupo percebia como valores organizacionais inovação, foco em equipes e boa reputação. Em contrapartida, não percebia valores como garantia de emprego, rapidez em obter vantagem e correr riscos (Figura 6.19). A principal percepção deste subgrupo foi a inovação contínua promovida pela empresa, conforme observado pelo entrevistado:

- "A empresa possui uma escola de ponta, destinada ao ensino de segurança privada, com infraestrutura que possibilita estar sempre criando coisas novas."
- "Nós sempre trabalhamos em equipe. Disto depende a nossa segurança."

Segundo o gerente da DELTA, o fato de a empresa ser reconhecida no mercado e estar continuamente buscando novos serviços para oferecer aos seus clientes eleva a percepção de seus funcionários sobre a marca da organização.

Concluindo, a empresa DELTA tem uma excelente reputação e foco em equipe, apesar de apresentar baixa colaboração. A inovação está presente no

Figura 6.19 Valores – Empresa DELTA – Grupo H

cotidiano da empresa, mas sem correr riscos desnecessários, como citado: "A empresa é um pouco conservadora na tomada de decisão sobre o negócio. Ela não toma decisões de alto risco. É quase burocrática."

A oportunidade de crescimento profissional está presente em função da expansão do negócio. A empresa apresenta baixo conflito em razão da disciplina existente na atividade.

Avaliação do desempenho

Neste estudo, em que se utilizou o modelo de Grover, duas percepções sobre o desempenho do contrato foram comparadas: o gestor do contrato do contratante e o gestor do contratado.

Com base no modelo de Grover, o desempenho foi analisado sob as óticas estratégica, econômica e tecnológica. Os benefícios estratégicos referem-se à habilidade da organização de focar em seu negócio principal terceirizando atividades rotineiras. Os benefícios econômicos referem-se à habilidade da organização de usar seu conhecimento especializado e economia de escala de recursos humanos e tecnológicos do contratado e controlar sua estrutura de custo com contratos bem elaborados. Os benefícios tecnológicos referem-se à habilidade da organização em ter acesso à tecnologia de ponta e evitar o risco da obsolescência tecnológica resultante de mudanças dinâmicas.

Empresa ALFA

A percepção do gestor da contratante apresenta uma média de 52% nas respostas. Entretanto, na análise individual de cada resposta, fica claro que o gestor tende a dar uma resposta central (Figura 6.20). Apesar disso, existem questões que foram avaliadas abaixo da média.

Na visão da estratégia empresarial, a média das respostas é de 53%, indicando que a empresa contratada tem contribuído pouco para que a GAMA possa aumentar sua competência no serviço terceirizado. Na visão econômica, a contratante acredita que a ALFA tem colaborado muito pouco para a economia de escala em recursos humanos (média = 40%). Na realidade, após algum tempo

Figura 6.20 Desempenho – Empresa ALFA

Nota: As questões para avaliação do desempenho encontram-se descritas no Quadro 4.1.

de terceirização, se não forem criados indicadores, será difícil mensurar a redução de custos. Na visão tecnológica, a percepção do gestor da contratante é ainda pior (50%). O tipo de serviço terceirizado (limpeza) não oferece muitas alternativas de avanço tecnológico, e o contrato de prestação de serviços com objeto incorreto favorece a acomodação do prestador de serviços. Por último, a visão sobre a relação de parceria existente é mediana (60%). Todas as avaliações neste subconjunto foram analisadas da mesma forma.

Os resultados isolados das questões resultaram numa avaliação geral de 52%. Assim, o desempenho do contrato de terceirização entre a contratante e a contratada foi considerado regular.

Empresa BETA

A percepção do gestor da contratante apresenta uma média de 51% nas respostas (Figura 6.21). Existem questões que foram avaliadas acima e abaixo dessa média.

Figura 6.21 Desempenho – Empresa BETA

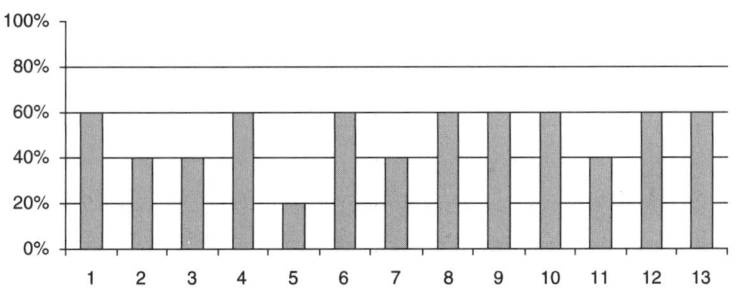

Nota: As questões para avaliação do desempenho encontram-se descritas no Quadro 4.1.

Na visão da estratégia empresarial, a média das respostas é de 47%, indicando que a empresa contratada tem contribuído pouco para que a GAMA possa aumentar o acesso a profissionais especializados. Na visão econômica, a contratante acredita que a BETA tem colaborado muito pouco para que a contratada melhore a economia de escala em recursos tecnológicos ou técnicos (média = 20%). Na visão tecnológica, a percepção do gestor da contratante não é melhor (47%). A BETA não tem contribuído para a redução do risco de obsolescência devido à ênfase na mão de obra intensiva em detrimento da tecnologia. Por último, a visão sobre a relação de parceria existente é mediana (56%). Apesar das avaliações nas demais dimensões, a percepção do gestor contratante é de que a parceria é razoavelmente boa.

Os resultados isolados das questões redundaram numa avaliação geral de 51%. Assim, o desempenho do contrato de terceirização entre a contratante e a contratada foi considerado regular.

Empresa DELTA

A percepção do gestor da contratante apresenta uma média de 51% nas respostas (Figura 6.22). Existem questões que foram avaliadas acima e abaixo dessa média.

Na visão da estratégia empresarial, a média das respostas é de 47%, indicando que a empresa contratada tem contribuído pouco para que a GAMA possa aumentar a competência e o acesso a profissionais especializados. Na visão econômica, a contratante acredita que a BETA tem colaborado muito

Figura 6.22 Desempenho – Empresa DELTA

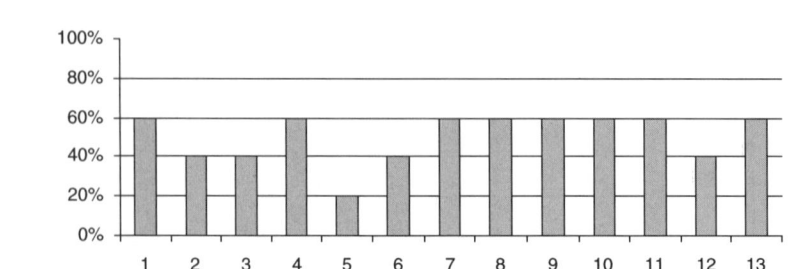

Nota: as questões para avaliação do desempenho encontram-se descritas no Quadro 4.1.

pouco para que a contratada melhore o controle de custos (média = 40%). A contratante não percebia a contratada como aliada na preservação e manutenção dos equipamentos. Na visão tecnológica, a percepção do gestor da contratante é um pouco melhor (60%). Por último, a visão sobre a relação de parceria existente é mediana (56%). Apesar das avaliações nas demais dimensões, a percepção do gestor contratante é de que a parceria é razoavelmente boa.

Os resultados isolados das questões resultaram numa avaliação geral de 51%. Assim, o desempenho do contrato de terceirização entre a contratante e a contratada foi considerado regular.

Análise consolidada do estudo de caso

Como vimos, o uso do OCP revisado é uma forma de representar o sistema de valores da organização.[13] Outro aspecto importante é o fato de permitir a comparação das empresas,[14] tendo em vista que a cultura varia mais entre empresas do que dentro delas.

A análise individual das empresas permitiu a identificação de seus valores essenciais e a comparação destes. Entretanto, para conceder maior confiabilidade à comparação dos valores entre a contratante e as contratadas, foi utilizada a técnica estatística de Correlação Canônica (exame da relação de dois grupos de variáveis). Com base nos resultados, não há congruência entre a empresa GAMA (contratante) e qualquer uma das contratadas (ALFA, BETA e DELTA). Apesar de a correlação canônica apresentar um coeficiente alto ($R^2_c > 0,600$), todas as equações resultantes da análise foram não significantes no nível de significância de 0,05. Esta é uma clara evidência estatística de que não há alinhamento entre as empresas.

Os valores culturais distintos das empresas neste estudo parecem estar relacionados com a dinâmica da indústria.[15] A não significância estatística da análise da correlação canônica não deixa dúvidas de que não existe congruência cultural entre a empresa contratante e cada uma das contratadas.

13. CHATMAN, J.A. e JEHN, K. (1994), op. cit.
14. CHATMAN, J.A. e JEHN, K. (1994), op. cit.
15. LEE, S.K.J. e YU, K. (2004), op. cit.

A empresa GAMA, com um ambiente de baixo conflito, com poucas mudanças internas e de produtos, socialmente responsável e com boa reputação, procura manter seu foco muito mais nos resultados do que nas pessoas. Apesar disso, é estável e procura manter a garantia de emprego sempre que não há mudanças na economia, como afirmam as citações:

- "Estou há muito tempo na empresa, pois ela não demite. Para ser demitido, é preciso fazer algo muito grave."
- "A empresa não demite muito. As pessoas têm muito tempo de empresa. Pode-se não ser promovido, mas não se é demitido."

A empresa inclusive tem como política recrutar funcionários que foram demitidos em momentos de crise. Está buscando comunicar com mais intensidade, implantando programas que reduzam o boato interno. O trabalho é muito mais individualizado do que em equipe, na busca contínua de sempre atender aos clientes, às vezes a qualquer custo. Mas para que as coisas aconteçam, depende-se da responsabilidade individual. Alguns acreditam que o individualismo da empresa é uma forma de preservação do emprego. Os funcionários, por estarem há muito tempo na empresa, trabalham mais individualmente e não transferem o conhecimento com o receio de perder o emprego.

Há pouca organização nos processos de produção, com desperdício de matéria-prima em virtude da obsolescência dos equipamentos. A inovação é pequena, o que se deve ao tipo de produto fabricado. A empresa é tradicional na sua forma de gestão, e as mudanças acabam causando pânico nos funcionários que são, em sua maioria, antigos. Isso dificulta a mudança de procedimentos e processos

Por outro lado, a empresa ALFA, com foco em resultados, oferecendo oportunidade para crescimento profissional, estabilidade, garantia de emprego, maior remuneração para alto desempenho, com foco em pessoas e equipes e com muita rapidez em obter vantagens, tem uma dinâmica diferente da GAMA. Se por um lado esta cultura favorece um bom desempenho na parceria interorganizacional, por outro cria um distanciamento dos valores culturais. A baixa confiança apresentada pelo gestor da contratante pode ser reflexo do distanciamento cultural.[16] Nesta relação, a empresa de limpeza ALFA entra para trabalhar na empresa contratante GAMA como uma equipe, com uma missão a ser cumprida, ao passo que os funcionários desta última se sentem indivíduos isolados, trabalhando com baixa colaboração.

A empresa BETA, que possui valores como reconhecimento para alto desempenho, ser competitiva, inovação, garantia de emprego e baixo conflito entre outros, difere da empresa GAMA em função da sua estrutura voltada para resultados e organização. Isso parece intuitivo para uma empresa de segurança que busca continuamente se adaptar a um mercado de crescente criminalidade. A qualidade é essencial para que a empresa possa manter sua missão ativa. A hierarquização e o trabalho em equipe, por outro lado, fazem parte da empresa, como essência, sem que constituam um valor que possa engessar a organização. Novamente a confiança está presente, sendo que nesta relação somente a empresa contratante não percebe uma parceria, mas um serviço necessário.

Para a empresa DELTA, que possuiu valores corporativos bem difundidos, como a preocupação com o meio ambiente, a boa reputação pelos serviços de qualidade e com inovação contínua, além do foco em equipes e da busca pelo desempenho, a parceria é essencial, sem a qual não seria possível realizar um trabalho de qualidade.

O fato de as empresas prestadoras de serviços apresentarem um desempenho regular na percepção dos gestores da empresa contratante fica evidenciado pela não congruência cultural entre a contratante e as contratadas. A correlação canônica apresentou coeficientes altos[17] em todas as equações resultantes da análise; entretanto todas elas foram não significantes[18], o que demonstra que o alinhamento cultural é baixo entre a empresa contratante e as empresas terceirizadas.

---

16. LEE, J. e KIM, Y. (1997), op. cit.

17. $R^2_c > 0,600$

18. No nível de significância de 0,05.

CAPÍTULO 7

Importância do diagnóstico da cultura organizacional

omo descrito na Introdução, este livro tem o propósito de demonstrar a importância da cultura organizacional para o sucesso das organizações e das terceirizações, explicando e ilustrando o poder dos valores organizacionais.

Além disso, o livro apresenta uma metodologia de diagnóstico sistemático da cultura organizacional com o objetivo de contribuir para o incremento do desempenho organizacional das empresas e das terceirizações.

Fica claro que a busca pelo parceiro que venha a promover o melhor resultado no contrato de terceirização é sempre desejável.[1]

É intuitivo que, em qualquer relacionamento de terceirização, a interação entre a contratante e a contratada vai além das regras estabelecidas no contrato, pois existem variáveis que são intangíveis, não especificadas em contrato.[2] Sendo assim, se os parceiros não tiverem uma cultura organizacional alinhada, o relacionamento pode dificultar a melhoria do desempenho da parceria.

Dessa maneira, a importância dos valores organizacionais na gestão da cultura organizacional é inquestionável. É necessário que aqueles que exercem a liderança da empresa ou que fazem a gestão por valores estejam qualificados para identificar a cultura organizacional.

---

1. LEE, S.K.J. e YU, K. (2004), op. cit.
2. LEE, J. e KIM, Y. (2005), op. cit.

O diagnóstico da cultura organizacional, se usado de forma apropriada, pode ser de grande utilidade para os gestores, veja o box "Importância do Diagnóstico da Cultura Organizacional".

IMPORTÂNCIA DO DIAGNÓSTICO DA CULTURA ORGANIZACIONAL

- Permite diagnosticar e comparar a cultura organizacional de uma, duas ou mais empresas.
- Sensibiliza o gestor para a complexidade do diagnóstico da cultura organizacional.
- Estabelece a cultura organizacional como um modelo de gestão estratégica.
- Revela o poder dos valores organizacionais para a gestão empresarial.
- Expõe as dificuldades de gerenciar a cultura organizacional.
- Aumenta a possibilidade de sucesso nas relações de parceria interorganizacional.

Finalizando, as pesquisas têm demonstrado que a motivação pela terceirização tem sido explicada com base nos benefícios estratégicos, econômicos e tecnológicos e, principalmente, em função da satisfação dos gestores dos contratos, que exprimem uma forma de desempenho da parceria. As tentativas de identificar as variáveis intangíveis que determinam o sucesso da terceirização intensificam os estudos sobre o tema e buscam desenvolver teorias para o entendimento dos relacionamentos nas terceirizações.

O modelo apresentado neste livro contribui para a transição que vem ocorrendo do modelo de mensuração econômica (tangível) para o modelo social (intangível), tendo em vista que, nos relacionamentos de terceirização, a interação entre o contratante e a contratada vai além das regras estabelecidas no contrato. Assim sendo, o alinhamento cultural traz muitas vantagens para a organização, veja o box "Vantagens do Alinhamento Cultural".

VANTAGENS DO ALINHAMENTO CULTURAL[3]

- Aumenta o grau de comprometimento interno.
- Dinamiza a inovação.
- Melhora o desempenho.
- Alinha e internaliza a missão, os valores e a tomada de decisão.
- Estimula e facilita o trabalho em equipe.
- Minimiza ruídos no processo de comunicação.
- Aumenta o grau de transparência, confiança e credibilidade empresarial.

3. TOMEI, P.; RUSSO, G.; BOTTINO, C. (2008), op. cit.

O alinhamento cultural entre a contratante e a contratada exerce influência positiva no desempenho da organização. Por isso, a preocupação constante de se realizar um contrato de terceirização que siga as melhores práticas e que tenha alinhamento cultural entre os valores organizacionais do contratante e da contratada é essencial para o maior desempenho organizacional.

PARTE III

Tipologias e questionários

Na Parte III, estão descritas suscintamente outras tipologias de diagnóstico da cultura organizacional desenvolvidas por outros autores.

Além disso, encontram-se os questionários que podem ser utilizados no diagnóstico da cultura organizacional e na avaliação do desempenho da terceirização.

Modelos de diagnóstico da cultura organizacional

Geert Hofstede

Hofstede, adotando uma metodologia quantitativa de análise da cultura organizacional, fez uma pesquisa em uma grande multinacional (117 mil empregados da IBM), abrangendo a resposta a um questionário de 150 questões, em 40 filiais situadas em diferentes países, com o objetivo de descobrir semelhanças e diferenças culturais entre nações. Este estudo, denominado Estudo IBM, compreendeu a análise dos construtos:

a) Distância hierárquica. Refere-se à extensão pela qual as pessoas acreditam que o poder e o status são distribuídos de maneira diferente pela sociedade e as pessoas aceitam essa diferença. São medidos os níveis de participação na tomada de decisões e no acesso às informações.[1] Em sociedades com baixa distância de poder, a descentralização prevalece, os subordinados esperam ser consultados e a liderança é democrática,

---

1. DROGENDIJK, R. e SLANGEN, A. "Hofstede, Schwartz or Managerial Perceptions? A Comparative Analysis of the Effects of Various Cultural Distance Measures on an MNE's Establishment Mode Choice". In: GEERTZ, C. *The Interpretation of Cultures*. Boston: Basic Books, 2000.

mantendo-se as ideologias políticas e o compartilhamento das práticas do poder. Em sociedades com alta distância de poder, a centralização do poder prevalece, os subordinados aguardam pela delegação de atividades e a liderança é soberana nas decisões.

b) Grau de controle da incerteza. Mede-se o grau de planejamento, formalização e estruturação utilizados para a redução das incertezas. Refere-se à maneira como as pessoas são tratadas pela incerteza e em situações desconhecidas. Em culturas com alta rejeição pela incerteza, as pessoas estão habituadas a muitas normas e regras. Neste modelo, as sociedades mantêm rígido controle dos comportamentos e das crenças e são intolerantes com desvios de comportamento e ideias. Sociedades com baixa rejeição pela incerteza mantêm um ambiente mais relaxado em que as práticas têm maior valor e os desvios são mais facilmente tolerados. Essas sociedades tendem a ser mais flexíveis, mantendo-se com menores quantidades de regras.

c) Grau de individualismo ou coletivismo. Os valores são avaliados para entender se preponderam valores individualistas ou coletivistas. Refere-se ao grau no qual a sociedade enfatiza o papel do individual em detrimento do grupo. O individualismo é caracterizado pelas poucas relações dos grupos, nos quais os indivíduos sabem tomar conta de si mesmos e de suas famílias. O coletivismo implica a preferência do estreitamento das relações sociais. Os empregados de empresas participantes de sociedades individualistas tendem a dar mais importância à liberdade quando executam suas atividades. Em oposição, numa sociedade coletivista, as pessoas dão pouco valor à liberdade, mas valorizam normas e instruções de manuais.

d) Características culturais femininas ou masculinas. Valores como flexibilidade, benefícios sociais e qualidade de vida são tidos como femininos, ao passo que ganho financeiro, relações informais e nível de comunicação são considerados valores masculinos. Refere-se à sociedade que valoriza símbolos masculinos, como competitividade, assertividade, realização, ambição e altos ganhos. Em oposição, o feminino refere-se a valores sociais como zelo, solidariedade, relações interpessoais sobre as conquistas materiais, não exibicionismo e preferência pela qualidade de vida.

Os estudos de Hofstede possibilitaram melhor conhecimento da cultura das nações, suas influências e diferenças. Entretanto, críticas ao seu modelo foram feitas.[2] Em especial, Schwartz ressaltou que as dimensões culturais de Hofstede não são suficientes porque ele não identificou todos os espectros da cultura de todas as nações, omitindo questões relevantes. Assim, se novos países forem analisados, as dimensões provavelmente mudarão.

Shalom H. Schwartz

Schwartz[3] propôs um conjunto de valores inter-relacionados que podem ser aplicados universalmente e descrevem diferenças culturais entre países. O conjunto foi composto inicialmente por 56 valores. Após reduzir o número para 45, ele aplicou uma pesquisa a professores e alunos de 67 países. Com isso, identificou sete valores culturais essenciais;[4] a) conservadorismo: representa a ênfase da cultura em manter a situação atual, restringindo a ação e os desejos que possam romper a solidariedade do grupo ou a ordem tradicional;[5] b/c) autonomia intelectual e afetiva: refere-se à extensão de liberdade e independência das pessoas para perseguir seus objetivos; d) hierarquia: denota a extensão por que diferente distribuição de poder e recursos na sociedade é legítima; e) igualitarismo: refere-se à extensão por que as pessoas são inclinadas a renunciar a seus interesses egoístas em favor do bem-estar de outro; f) maestria (domínio): expressa a importância de ser assertivo; g) harmonia: denota a importância de adaptar-se, com harmonia, ao meio ambiente. Com esses valores, Schwartz criou uma matriz 2×2.[6] O primeiro quadrante, autocrescimento, com valores como poder e realização, leva à competição e à não coo-

2. BRETT, J.M. e OKOMURA, T. "Inter-and Intracultural Negotiation: US and Japanese negotiators". *Academy of Management Journal*, vol. 41, n. 5, 1998.

3. SCHWARTZ, S.H. (1996) apud LINDEMAN, M. e VERKASALO, M. "Measuring Values with the Short Schwartz's Value Survey". *Journal of Personality Assessment*, vol. 85, n. 2, 2005, pp. 170-178.

4. SCHWARTZ, S.H. Beyond "Individualism/Collectivism: New cultural dimensions of values". In: Kim, U; Triandis, H.C.; Kagitcibasi, C.; Choi, S.C. e Yoon, G. *Individualism and Collectivism: Theory, methods, and applications.* Thousand Oaks: Sage, 1994.

5. DROGENDIJK, R. e SLANGEN, A. (2000).

6. KOZAN, M.K. e ERGIN, C. "The influence of intra-cultural value differences on conflict management practices". *International Journal of Conflict Management*, vol. 10, n. 3, 1999, pp. 249-267.

peração. Propicia status social, prestígio, controle e domínio sobre recursos. Este grupo, também chamado de Busca pelo Poder, se identifica com valores de poder social, autoridade, riqueza e prazer. O segundo quadrante refere-se à abertura para mudanças, com valores como autodirecionamento e estímulo, e leva à colaboração, à solução de problemas e conflitos, à mudança e à sujeição a riscos. Este grupo, também denominado Busca por Estímulos, valoriza a variedade na vida, a curiosidade, a unidade com a natureza, a independência e uma vida excitante. O terceiro quadrante, autotranscendência, com valores como benevolência e universalismo, leva à acomodação e a evitar o conflito. Este grupo, também intitulado Igualitária, adere aos valores de humildade, perdão, justiça, igualdade, honestidade e responsabilidade social. Este valor se aproxima do quadrante "coletivismo" de Hofstede. O quarto quadrante, conservadorismo, compõe-se de valores como segurança, conformidade e tradição. Este grupo, também chamado de Tradicional, é constituído por pessoas que valorizam a polidez, a devoção pela organização, preservando a imagem pública, a influência, a ambição, o respeito às tradições, obediência, o reconhecimento social, a ordem, a segurança familiar, a limpeza, a presteza, a hospitalidade e o nacionalismo.

A estrutura cultural de Schwartz é superior à de Hofstede, "porque aquela é baseada numa conceitualização de valores e foi desenvolvida com uma técnica de amostra sistemática, mensuração e análise e (...) os dados são recentes".[7] Para Schwartz, "os valores culturais representam as ideias abstratas implícitas ou explicitas do que é bom, correto e desejável na sociedade".[8]

William E. Schneider

Schneider[9] construiu um modelo de análise cultural envolvendo aspectos relativos a liderança, autoridade, tomada de decisão, estrutura, relacionamentos, pessoal e gerenciamento de desempenho. Utilizando como base

---

7. BRETT, J.M. e OKOMURA, T. (1998:500-501), op. cit.
8. SCHWARTZ, S.H. "A Theory of Cultural Values and Some Implications for Work". *Applied Psychology: an International Review*, vol. 48, n. 1, pp. 23-47, 1999:25.
9. SCHNEIDER. W.E. *Uma alternativa à reengenharia: um plano para fazer a cultura atual da sua empresa funcionar*. Rio de Janeiro: Record, 1996.

os modelos organizacionais militares, familiares, universitários e religiosos, o autor propõe um modelo composto de quatro tipos de cultura organizacional, agrupados em dois vetores. O primeiro refere-se à pessoalidade em que a cultura tem como limites a total impessoalidade e a pessoalidade plena. O segundo considera o aspecto temporal das organizações, que pode ser descrito como foco na atualidade/realidade ou nas possibilidades/oportunidades.

A cultura de colaboração, classificada no segundo quadrante como pessoalidade e realidade, demonstra ser uma cultura que enfatiza tanto as pessoas como a manutenção da realidade atual. A cultura de controle, no terceiro quadrante, enfatiza o impessoal e está voltada para a atualidade. Dessa maneira, essa cultura valoriza mais os cargos do que as pessoas e também busca a manutenção da realidade atual. No quarto quadrante, reside a cultura de competência, que ressalta o impessoal, no qual os relacionamentos são impessoais, e está voltada para o futuro e suas possibilidades. A cultura de cultivo, no primeiro quadrante, é considerada pessoal e focada nas possibilidades. Assim, valoriza o desenvolvimento pessoal sempre visando às oportunidades futuras.

Charles B. Handy

Handy[10] propôs metodologias para análise de vários aspectos das organizações. Entre esses aspectos, encontra-se a cultura. Ele propôs a existência de quatro variedades de culturas da organização. A primeira, denominada cultura do poder, é normalmente encontrada em pequenas empresas e pode ser representada como uma teia. Essas organizações vivem tipicamente em função de uma fonte central de poder, por meio da qual a tomada de decisões se dá mais de forma política do que burocrática. Como as decisões são centralizadas, apresentam elevada capacidade de reação e adaptação, visto que a mudança depende apenas da vontade daquele que detém o poder. As dificuldades na sua gestão residem na extrema dependência do indivíduo central, o qual precisa, além de possuir extrema qualidade técnica e política, saber

---

10. HANDY, C.B. (1978), op. cit.

conduzir os processos sucessórios e os relacionamento com os profissionais sob sua subordinação. De certa forma, essas organizações têm a expansão limitada, pois a teia de poder não pode se esticar demasiadamente sob pena de arrebentar, ou seja, os vínculos de poder atribuídos a apenas um indivíduo central podem se tornar frágeis com o crescimento organizacional. A cultura do poder geralmente é individualista e focada em resultados, dispensando, assim, o trabalho em equipe e o seguimento de regras, em que os fins justificam os meios. Em função disso, muitas vezes sofrem de baixo moral e elevada rotatividade de pessoal, principalmente da média gerência, pois estes se percebem desnecessários no processo.

A segunda, denominada cultura de papéis, é frequentemente estereotipada como burocrática. A cultura de papéis apoia sua força em seus pilares, suas funções ou especializações. Pode ser desenhada como um templo grego. O trabalho dos pilares e a interação entre estes são controlados por procedimentos como descrições de tarefa, definições de autoridade, regras formais de comunicação e regras formais para solução de conflitos. Dessa maneira, seu sistema de administração é simplificado, pois, para todas as situações, existem regras que regulamentam o comportamento dos especialistas na execução de seus papéis. São organizações impessoais, tendo em vista que importa mais o papel, ou cargo desempenhado, do que o indivíduo que o desempenha, o que torna, assim, a eficiência do sistema dependente mais da racionalidade da alocação do trabalho do que das personalidades dos indivíduos, que tendem a realizar apenas aquilo que a descrição do seu cargo prevê. O poder advém do cargo, e não da pessoa que o ocupa, de maneira que as regras e os procedimentos são os métodos principais da influência. Como são organizações lentas no processo de mudança, elas terão sucesso somente se atuarem em ambientes estáveis, com pouca competição entre os concorrentes e pouca evolução nos mercados. Dessa maneira, suas regras e procedimentos terão validade por um período maior. Como são estáveis e estruturadas, oferecem segurança e previsibilidade aos seus membros, que podem acomodar-se executando seu trabalho conforme os padrões estabelecidos. Este modelo de promoção profissional pode ser frustrante para aqueles que buscam desafios, autocontrole ou poder, pois baseia-se fundamentalmente na capacidade da organização e não na capacidade do indivíduo. Para Handy, "a organização baseada em papéis será encontrada onde as economias de escala são mais importantes do que a flexibilidade, ou quando a perícia e o grau de especialização forem mais importantes do que a inovação ou o custo do produto".[11]

A terceira é a cultura de tarefa, que é orientada para o trabalho ou o projeto. A melhor representação da estrutura que a acompanha é uma rede, com algumas das malhas mais grossas e fortes do que as outras. O poder e a influência residem nos *nós* da rede. A chamada organização matriz é uma forma estrutural da cultura da tarefa. Como enfatiza o projeto, esta cultura busca reunir as pessoas e dotá-las de recursos para que possam realizar um trabalho específico. Assim que um projeto é finalizado, os grupos podem ser desfeitos ou alterados para que possam assumir novos projetos. Portanto, essa cultura é viável quando se exige da organização flexibilidade e percepção em relação às mudanças no ambiente, situação típica dos mercados competitivos, que apresentam produtos de curta duração e concorrentes ágeis e flexíveis. Neste sentido, diferencia-se da organização fundamentada em papéis, pois os colaboradores atuam em diversos papéis, dependendo da situação organizacional. A maior flexibilidade reduz, por sua vez, o nível de especialização dos profissionais. O poder não reside na pessoa, nem no cargo, mas na perícia, principalmente na capacidade de trabalho em equipe. Dessa maneira, as equipes têm maior influência que os indivíduos. O trabalho em equipe elimina o status e o individualismo. O controle nessas organizações é mantido pela alocação de recursos e pessoas em atividades específicas (projetos). Os projetos essenciais recebem os melhores recursos e os indivíduos mais capazes. Esse tipo de cultura funciona melhor quando há escassez de recursos e de pessoal competente, pois, ocorrendo racionamento de recursos, a liderança passa a efetuar controle da alocação de menor quantidade de recursos para os projetos. Com a escassez de recursos, as equipes e seus líderes começam a disputar recursos, e provavelmente a moral dos grupos de trabalho é afetada. Essa situação pode levar a organização a transformar-se em uma cultura de papéis. Essas culturas estão mais sintonizadas com as atuais ideologias de mudança, inovação, flexibilidade e igualdade, porém naturalmente apresentam também maior instabilidade e dificuldade em serem controladas.

A quarta, denominada cultura de pessoa, tem como ponto central o indivíduo. "Se houver uma estrutura ou uma organização, esta existirá apenas

---

11. HANDY, C.B. (1978:206), op. cit.

para servir e assistir os indivíduos na mesma."[12] Geralmente, são organizações formadas por indivíduos que possuem objetivos em comum. O autor a descreve como uma galáxia de estrelas individuais. Esse tipo de organização é raramente encontrado: primeiro, pelo fato de que dificilmente as organizações não possuem outros objetivos além daqueles de seus indivíduos e, segundo, porque a gerência e o controle ficam extremamente prejudicados, já que a organização tem obrigações para com o indivíduo, mas este não deve lealdade a ela, podendo a qualquer momento romper seu contrato psicológico.

Robert E. Quinn e Kim Cameron

Quinn e Cameron[13] propõem uma tipologia que agrega o ciclo de vida da organização e a eficácia organizacional. O construto contém quatro dimensões: a) No primeiro quadrante, Formalização e Controle: estabilidade, produção eficaz, regras, procedimentos e conservadorismo; b) No segundo quadrante, Empreendedor: inovação, criatividade, flexibilidade, crescimento, aquisição de recursos e desenvolvimento de suporte externo; c) No terceiro quadrante, Coletividade: relacionamentos, estrutura e comunicação informal, senso de família, cooperação entre os membros, alto comprometimento, liderança personalizada, desenvolvimento de pessoas e atendimento às necessidades das pessoas; d) No quarto quadrante, Elaboração de Estrutura: monitoração do ambiente externo, expansão do domínio, descentralização da estrutura, aquisição de recursos e crescimento.

Robert E. Quinn e John Rohrbaugh

Quinn e Rohrbaugh[14] desenvolveram o modelo Competing Value Model (CVM) para categorizar os fenômenos organizacionais gerais com relação à

---

12. HANDY, C.B. (1978:208-209), op. cit.
13. QUINN, R.E. e CAMERON, K. "Organization Life Cycles and Shifting Criteria of Effectiveness: Some preliminary evidence". *Management Science*, vol. 29, n. 1, 1983, pp. 33-51.
14. QUINN, R.E. e ROHRBAUGH, J. (1981, 1983) apud KWAN, P. e WALKER, A. "Validating the Competing Values Model as a Representation of Organizational Culture through Inter-Institutional Comparisons". *Organizational Analysis*, vol. 12, n. 1, 2004, pp. 21-37.

eficácia organizacional adotados para descrever a cultura organizacional. Basicamente, o modelo foi criado em duas dimensões subjacentes. A primeira dimensão é interna, com ênfase na orientação para pessoas, contra a dimensão externa, com orientação para a organização. A segunda dimensão apresenta ênfase na estabilidade e no controle contra a ênfase na flexibilidade e na mudança. Os dois raios dão forma a uma tipologia de cultura organizacional em uma matriz 2×2, representada por: a) cultura do grupo: flexibilidade (foco na mudança) e interno (foco nas pessoas). Baseia-se em normas e valores associados à afiliação. Nesta cultura, a liderança é mais participativa, e a interação entre os membros é facilitada. Quanto ao tratamento da informação, essas organizações utilizam mecanismos coletivos como a ampla participação na comunicação e os acordos negociados. A motivação advém do senso de participação e envolvimento proporcionado aos indivíduos; b) cultura inovadora: flexibilidade (foco em mudança) e externo (foco na organização). Baseia-se em valores de mudança e flexibilidade. "Os fatores-chave para a motivação incluem crescimento, estímulo à diversificação e criatividade na tarefa."[15] Os líderes dessa cultura são visionários, empreendedores e idealistas. As organizações inovadoras são aquelas que apreciam o risco e gostam de antecipar cenários futuros. Elas adotam um processo informacional intuitivo calcado em criatividade visando à inovação; c) cultura hierárquica: estabilidade (foco no controle) e interno (foco nas pessoas). Baseia-se em valores burocráticos. As organizações são permeadas por pressupostos de estabilidade e de que a autoridade advinda de papéis formalizados é plenamente aceita e os comportamentos são baseados em regras e regulamentos.[16] A liderança é exercida de forma conservadora, evitando o risco e dando grande ênfase aos problemas operacionais.[17] A formalidade também está presente no processo informacional dessas organizações, em que a documentação, as regras e os regulamentos são usados para a obtenção da sua estabilidade e continuidade; d) cultura racional: estabilidade (foco no controle) e externo (foco na organização). A motivação advém da crença no desempenho e nos resultados como geradores

---

15. SANTOS, N.M.B.F. Impacto da Cultura Organizacional no Desempenho das Empresas, Conforme Mensurado por Indicadores Contábeis: um estudo interdisciplinar. Tese de Doutorado. Faculdade de Economia e Administração da Universidade de São Paulo: São Paulo, 1992:60.
16. QUINN, R.E. e KIMBERLY, J.R. (1984) apud SANTOS (1992), op. cit.
17. SANTOS, N.M.B.F. (1992), op. cit.

de recompensas futuras, onde os indivíduos valorizam a competição e o atingimento das metas organizacionais. Essas empresas apresentam um estilo de liderança voltado para objetivos, com estabelecimento de metas de resultado. A competitividade e a pragmaticidade presente nessas organizações as tornam individualistas. Seu processo de informação também é individualista e usa de ferramentas de julgamento lógico e senso de direção na busca dos resultados da organização.

Zabid A. Rashid, Murali Sambasivan e Azmawani A. Rahman

Rashid, Sambasivan e Rahman[18] apresentaram uma tipologia[19] por meio da qual desenvolveram uma matriz 2×2 baseada em duas dimensões: sociabilidade e solidariedade. Sociabilidade pode ser definida como amizades nos relacionamentos entre as pessoas e as organizações. Tem valor para o indivíduo e independe do impacto no desempenho da organização. Pelas amizades, ideias, atitudes e interesses os valores são compartilhados. Reciprocidade é o máximo da amizade. Assim, ações são tomadas em favor de outros com a expectativa da imediata troca de favores. De outra forma, solidariedade é a habilidade das pessoas em atingir objetivos compartilhados de forma eficiente e efetiva para o benefício da organização, sem muita preocupação com o impacto nos indivíduos e na relação entre eles. Solidariedade gera uma mentalidade individual de dedicação à missão e aos objetivos da organização, rápida resposta às mudanças do ambiente e um não desejo de aceitar um baixo desempenho. Nesse tipo de cultura, os papéis são definidos e entendidos e todos trabalham para o benefício coletivo. Em organizações com alta solidariedade, as pessoas normalmente confiam que sua liderança vai tratá-las de forma justa, com base no mérito, com comprometimento nos resultados e na lealdade à organização. Quando as duas dimensões são introduzidas na matriz, quatro culturas emergem:

18. RASHID, M.Z.A.; SAMBASIVAN M. e RAHMAN A.A. "The influence of organizational culture on attitudes toward organizational change". *Leadership and Organization Development Journal*, vol. 25, n. 2, 2004, pp. 161-179.

19. Desenvolvida por GOFFEE, R. e JONES, G. (1998) apud RASHID, M.Z.A.; SAMBASIVAN M. e RAHMAN A.A. "The influence of organizational culture on attitudes toward organizational change". *Leadership and Organization Development Journal*, vol. 25, n. 2, 2004, pp. 161-179.

a) Comunal. A organização comunal com alta sociabilidade e alta solidariedade é típica das empresas novas, pequenas e de rápido crescimento. As pessoas são direcionadas por objetivos comuns e, ao mesmo tempo, são unidas por fortes laços sociais.

b) Fragmentada. As empresas fragmentadas podem parecer completamente desorganizadas. A baixa sociabilidade e solidariedade desse tipo de organização promove sua dificuldade de governabilidade.

c) *Network*. A organização *networked* tem uma cultura de baixa solidariedade e alta sociabilidade. A alta sociabilidade é evidente nas conversas informais e nos colegas saindo juntos para um almoço, para atividades e encontros sociais fora do local de trabalho.

d) Mercenária. As organizações mercenárias, com baixa sociabilidade e alta solidariedade, são focadas na estratégia de vencer o mercado. Elas têm prioridades bem definidas e agem rapidamente em respostas às mudanças. As pessoas que não têm bom desempenho são convidadas a sair.

Fons Trompenaars

Trompenaars[20] propõe, em primeiro lugar, uma análise cultural internações e, em segundo lugar, um modelo para análise organizacional. Seus estudos de análise cultural internações abordam as seguintes dimensões:

a) Universalismo *versus* Particularismo. O comportamento universalista tende a se fundamentar em regras universais, sem relativização de quaisquer conceitos ou regras.

b) Coletivismo *versus* Individualismo. Em quaisquer grupos sociais, existe o conflito entre os interesses do indivíduo e do grupo, e a forma como se orientam mais ao "eu" ou mais ao "nós" define o grau de coletivismo de um grupo.

c) Neutro *versus* Emocional. Nas culturas mais neutras, os sentimentos são reprimidos e controlados, ao passo que, nas culturas mais emocionais, as pessoas demonstram suas emoções, tanto positivas quanto negativas.

---

20. TROMPENAARS, F. *Nas ondas da cultura: como entender a diversidade cultural nos negócios.* São Paulo: Educator, 1994.

d) Difuso *versus* Específico. Nas culturas específicas, os relacionamentos entre os indivíduos são regidos pelos papéis vividos em cada situação. Em culturas difusas, o relacionamento principal se sobrepõe aos demais, de forma que, por exemplo, um subordinado sempre será tratado como subordinado, mesmo que fora do ambiente e horário de trabalho.

e) Conquista *versus* Atribuição. Algumas culturas conferem status a seus membros com base em suas conquistas, ao passo que outras simplesmente o atribuem em função de idade, classe, gênero, instrução, ou outro critério que diferencie os indivíduos.

Para construir uma tipologia de análise da cultura organizacional, voltada para o estudo de organizações e não de nações, Trompenaars sugere o uso de duas dimensões: a) Igualdade *versus* Hierarquia; b) Foco em Pessoas *versus* Tarefas. Com base nessas dimensões, aponta a existência dos quatro tipos básicos de organizações apresentados a seguir. No entanto, não devem ser tomados como estanques, ou seja, há características de uns nos outros e vice-versa, permanecendo, porém, a validade didática do modelo: a) Cultura familiar – os relacionamentos são próximos e diretos, mas há uma ênfase na hierarquia, tornando esta cultura voltada ao poder exercido pelo líder, que pode ser entendido como um "pai" experiente, responsável e bondoso; b) Cultura Torre Eiffel – trata-se de um tipo de organização caracterizado pela burocracia formal, com divisão de trabalho, no qual cada um é responsável pela execução de seu papel. Há um extremo racionalismo, com base em métodos e regras, e a hierarquia fundamenta-se nos cargos e não nas pessoas; c) Cultura míssil guiado – nesse tipo de organização, há mais igualdade entre as pessoas do que nas culturas tipo Torre Eiffel, porém a esta se assemelha quanto ao grau de impessoalidade. O racionalismo dessa cultura, ao contrário da Torre Eiffel, que enfatiza os cargos, dá grande ênfase aos objetivos estratégicos da organização. Assim, os indivíduos trabalham em grupos, mas sem roteiros nem procedimentos predefinidos, ou seja, devem agir como a situação exigir, contanto que atinjam suas metas; d) Cultura incubadora – essas organizações moldam-se com a finalidade de possibilitar a realização pessoal de seus indivíduos, ou seja, os objetivos organizacionais estão subordinados aos objetivos pessoais do grupo. Essas organizações são, ao mesmo tempo, pessoais e igualitárias, ou seja, estão voltadas para as pessoas, mas todas estas são consideradas iguais, sem regalias ou preconceitos individuais.

As empresas não são totalmente enquadráveis em qualquer uma das tipologias propostas, mas tendem a apresentar-se como uma mistura das características de cada tipologia, porém com maior intensidade de um tipo específico. O autor também não considera que haja, entre os tipos propostos, um tipo ideal de organização, mas acredita que seja importante que cada organização se conheça para evitar incongruências entre o comportamento de seus membros e o seu tipo cultural dominante.

Betânia Tanure de Barros e Marco A. S. Prates

Barros e Prates[21], em estudo desenvolvido sobre uma população de empresas e gerentes brasileiros, propuseram a existência de um estilo brasileiro de administrar. Para realizar este estudo, os pesquisadores utilizaram três bases teóricas: a) os estudos de Geert Hofstede sobre culturas nacionais, enfocando as quatro dimensões já descritas anteriormente neste capítulo; b) um esquema antropológico,[22] no qual se definem os traços culturais por meio de duas vertentes: uma orientadora, que atribui noções de certo ou errado aos comportamentos, e outra que revela muito mais as crenças, sem, no entanto, separar o que é verdadeiro ou falso; e c) o trabalho de Roberto DaMatta,[23] que estabeleceu dois espaços reveladores da cultura brasileira: o espaço da "rua", relacionado com os conceitos de individualidade e igualdade, e o espaço da "casa", associando a pessoa e a hierarquia. O modelo desenvolvido pelos autores comporta a existência de quatro subsistemas formando o sistema de ação cultural brasileiro, o subsistema dos líderes, o subsistema institucional, o subsistema pessoal e o subsistema dos liderados. O subsistema dos líderes apoia-se nos pilares da concentração do poder, do paternalismo e do personalismo, enquanto o subsistema formal está amparado tanto na concentração do poder como no formalismo e na postura de espectador dos liderados. O subsistema

21. BARROS, B.T. de e PRATES, M.A.S. *O estilo brasileiro de administrar*. São Paulo: Atlas, 1996.
22. CONDON, J.C. e FATHI, S. (1979) *apud* BARROS, B.T. de e PRATES, M.A.S. (1996), op. cit.
23. DAMATTA, R. da (1987) *apud* BARROS, B.T. de e PRATES, M.A.S. (1996), op. cit.

pessoal está amparado no personalismo, na lealdade pessoal e na postura de evitar o conflito, ao passo que o subsistema dos liderados suporta-se, além da postura de evitar o conflito, na flexibilidade e na postura de espectador. Os traços que interagem entre si na formação do sistema de ação cultural brasileiro apresentam a seguinte inter-relação: a) a concentração de poder está situada na interseção entre o subsistema dos líderes e o formal, demonstrando que as próprias estruturas formais favorecem que os líderes acumulem poder; b) o personalismo, situado na interseção entre o subsistema do líderes e o pessoal, caracteriza os jogos de interesse realizados entre eles, ou seja, muitas vezes as pessoas preferem que os líderes as tratem de forma diferenciada, personalista, em relação ao grupo; c) o paternalismo, pertencente ao subsistema dos líderes, é a síntese entre a concentração de poder e o personalismo, ou seja, o líder adota a postura de "pai" que tudo sabe e age de forma supridora para com os "seus"; d) a postura de espectador, situada na interseção entre os subsistemas formal e dos liderados, demonstra que os liderados tendem sempre a aguardar as soluções que virão de cima, transferindo a responsabilidade tanto de seus sucessos quanto de seus fracassos aos seus superiores; e) o formalismo, situado no subsistema formal, advém da soma entre concentração de poder e postura de espectador dos liderados, ou seja, quando os líderes formais possuem a totalidade do poder, e os liderados agem como se estivessem esperando pelas ordens superiores, estes instituem ordens, normas e controles que tendem a perpetuar a situação. Assim, o formalismo garante a convivência entre os subsistemas dos líderes e liderados; f) a postura de evitar conflitos está presente na interseção entre o subsistema dos liderados e o pessoal. É tradicional da cultura brasileira que os conflitos sejam mediados por um terceiro que mantenha boas relações com ambas as partes. Percebe-se que esse traço está marcadamente presente nos liderados e não nos líderes, que temem menos o conflito com os subordinados; g) a flexibilidade, que faz a ligação entre o subsistema formal e o pessoal, calcada na adaptabilidade e criatividade do povo brasileiro, possibilita a convivência pessoal em um sistema hierarquizado e formal; h) a lealdade pessoal, opondo-se ao formalismo, articula os subsistemas dos líderes e liderados pelo lado das pessoas. Ou seja, no Brasil há uma importante lealdade dos subordinados para com a pessoa do líder, fundamentada na liderança carismática. Assim, o indivíduo valoriza mais as necessidades de seu líder do que as necessidades organizacionais; e, i) a impunidade é característica não marcadamente encontrada em um subsistema específico, mas presente em todos, e pode resultar em deterioração da estabilidade do sistema de ação cultural brasileiro. Como os liderados acreditam que as diferenças de direitos sempre existirão, ficando os líderes sempre às margens das punições, e que a realização não vale a pena, tendem a acomodar-se, evitando participar de quaisquer movimentos no sentido de evolução cultural. Os autores acreditam que o sistema de ação cultural brasileiro exerce importantes impactos na gestão empresarial, principalmente no processo de formulação de estratégias, no processo decisório, no processo de liderança, no processo de coesão organizacional, na estrutura organizacional, na inovação e mudança, bem como no processo de motivação dos membros da organização.

CAPÍTULO 9

Questionários e roteiro de entrevista

Existem diversos tipos de questionários que podem ser utilizados para identificar a cultura organizacional. Cada uma das tipologias apresentadas na Parte III deste livro sugere um modelo diferente. Os questionários podem ser utilizados individualmente ou em conjunto com outros questionários e/ou com entrevistas.

Neste Capítulo são apresentados:

- o questionário para diagnóstico da cultura organizacional.
- o questionário para avaliação do desempenho da terceirização (contratante).
- o roteiro de entrevista para diagnóstico da cultura organizacional.

Questionário para diagnóstico da cultura organizacional

Prezado(a) Respondente,

Esta pesquisa busca identificar sua percepção sobre a existência de cada uma das características descritas no questionário a seguir na empresa. Não são suas características pessoais, mas as da empresa.

Para preencher o questionário, basta selecionar as características em categorias que variam de: máximo (+3), que mais se apresentam, até mínimo (-3), que menos se apresentam. Você deve marcar com um "X" as que mais se apresentam nas três colunas positivas (+3, +2 e +1). Da mesma forma, marque com "X" as que menos se apresentam na sua empresa nas três colunas negativas (-3, -2 e -1). As características neutras ou que não se apresentam devem ser colocadas na categoria zero.

Importante: no topo do Questionário 1 está descrito o número máximo de características que podem ser alocadas em cada coluna. Portanto, em cada coluna você não pode marcar com "X" mais do que o número indicado.

PERGUNTA: **Em que grau as características abaixo se apresentam na empresa?**

NÚMERO MÁXIMO DE ITENS EM CADA COLUNA→	1	3	6	8	6	3	1
CATEGORIAS - ESCALA→	+3	+2	+1	0	-1	-2	-3
Foco na realização							
Ênfase em qualidade							
Distinção – ser diferente das outras empresas							
Ser competitiva							
Ser reflexiva/cautelosa sobre suas ações							
Boa reputação							
Ser socialmente responsável							
Clara filosofia de orientação							
Foco em equipes							
Compartilha informações livremente							
Foco em pessoas							
Colaboração							
Inovação							
Rapidez em obter vantagem das oportunidades							
Correr riscos/ousar							
Assumir responsabilidade individual							
Justiça							
Oportunidade para crescimento profissional							
Maior remuneração para alto desempenho							
Reconhecimento para alto desempenho							
Alta expectativa por desempenho							
Entusiasmo para o trabalho							
Foco em resultados							
Ser muito organizada							
Estabilidade/constância							
Ser calma							
Garantia de emprego							
Baixo conflito							

Questionário para avaliação do desempenho da terceirização (contratante)

Prezado(a) Respondente,

Esta pesquisa busca identificar sua avaliação sobre o contrato de terceirização com a empresa contratada GAMA.

Para preencher o questionário, basta marcar "X", em cada uma das perguntas, uma das opções: 1- discordo totalmente; 2- discordo; 3- nem discordo e nem concordo; 4- concordo; 5- concordo totalmente. Importante: antes de responder cada pergunta, busque lembrar-se de fatos concretos que tenham ocorrido durante os últimos meses.

QUESTÕES	1	2	3	4	5
A empresa contratada tem contribuído para que a Empresa Contratante possa focar mais na sua atividade-fim.					
A empresa contratada tem contribuído para que a Empresa Contratante aumente a sua competência (ou conhecimento) no serviço terceirizado.					
A empresa contratada tem contribuído para que a Empresa Contratante aumente o acesso a profissionais especializados.					
A empresa contratada tem contribuído para que a Empresa Contratante melhore a economia de escala em recursos humanos.					
A empresa contratada tem contribuído para que a Empresa Contratante melhore a economia de escala em recursos tecnológicos (ou técnicos).					
A empresa contratada tem contribuído para que a Empresa Contratante aumente o controle dos custos das despesas do serviço terceirizado.					
A empresa contratada tem contribuído para que a Empresa Contratante reduza o risco de obsolescência tecnológica (ou técnica).					
A empresa contratada tem contribuído para que a Empresa Contratante aumente o acesso a informações importantes (referentes à atividade terceirizada).					
A Empresa Contratante está satisfeita com os benefícios provenientes da terceirização realizada com a empresa contratada.					
A empresa contratada permite à Empresa Contratante saber o mais rápido possível sobre qualquer problema decorrente da prestação do serviço.					
O nível de confiança da Empresa Contratante no relacionamento de trabalho com a empresa contratada é muito alto.					
A Empresa Contratante e a empresa contratada se ajudam mutuamente com referência a qualquer demanda (ou problema) que se apresente.					
O relacionamento de trabalho da Empresa Contratante com a empresa contratada tem sido excelente.					

Roteiro de entrevista para diagnóstico da cultura organizacional

TEMAS

- Visão, missão, valores, estratégia e objetivos
- Natureza da autoridade e dos relacionamentos
- Sistema de punição e recompensas
- Jargões, símbolos
- Estrutura de autoridade, estilo gerencial
- Relacionamentos entre as gerências e as lideranças
- Forma de tratamento aos erros e fracassos
- Comunicação
- Ambiente, reuniões, eventos e ritos
- Tomada de decisão
- Normas e processos
- Forma como a empresa reage às dificuldades
- Forma de tratamento aos desacordos e conflitos

Conheça outros livros da Alta Books

RESILIÊNCIA

QUANTO CUSTA FICAR RICO?

NOVAS ORGANIZAÇÕES PARA UMA NOVA ECONOMIA

O Coração da Mudança

Inteligência Financeira na Empresa

Conduza a Sua Carreira

Imunidade à Mudança

KUNST
GRÁFICA

Este livro foi impresso nas oficinas da
Gráfica Kunst, em Petrópolis/RJ